초등 문해력
향상 프로그램
어휘편

어휘가 보여야
문해력이 자란다

문해력 잡는 초등 어휘력

D-3 단계

· 초등 6학년 이상 ·

초등교과서에 나오는 과목별 학습개념어 총망라
★ 문해력 183문제 수록! ★

아울북

문해력의 기본,
왜 초등 어휘력일까?

21세기 교육의 핵심은 문해력입니다. 국어 사전에 따르면, 문해력은 '문자로 된 기록을 읽고 거기 담긴 정보를 이해하는 능력'입니다. 여기에 더해 글을 비판적으로 읽고 자신만의 관점을 가지는 것 역시 문해력이지요. 그러기 위해서는 문장을 이루고 있는 어휘의 뜻을 정확히 알고, 해당 어휘가 글 속에서 어떤 역할을 하고 있는지 깨닫는 과정이 필요합니다.

초등학교 3~4학년 시절 아이들이 배우고 쓰는 어휘량은 7,000~10,000자 정도로 급격하게 늘어납니다. 그중 상당수가 한자어입니다. 그렇기에 학년이 올라가면서 교과서와 참고서, 권장 도서 들을 받아드는 아이들은 혼란스러워 합니다. 해는 태양으로, 바다는 해양으로, 세모는 삼각형으로, 셈은 연산으로 쓰는 경우가 부쩍 늘어납니다. 땅을 지형, 지층, 지상, 지면, 지각처럼 세세하게 나눠진 한자어들로 설명합니다. 분포나 소통, 생태처럼 알 듯 모를 듯한 어려운 단어들이 불쑥불쑥 등장하기 시작합니다.

우리말이니까 그냥 언젠가 이해할 수 있겠지 하며 무시하고 넘어갈 수는 없습니다. 초등학교 시절의 어휘력은 성인까지 이어지니까요. 10살 정도에 '상상하다'나 '귀중하다'와 같이 한자에서 유래한 기본적인 어휘의 습득이 마무리된다는 연구 결과를 내놓은 학자도 있습니다. 반대로 무작정 단어 뜻을 인터넷에서 검색하고 영어 단어를 외우듯이 달달 외우면 해결될까요? 당장 눈에 보이는 단어 뜻은 알 수 있지만 다른 문장, 다른 글 속에 등장한 비슷한 단어의 뜻을 유추하는 능력은 길러지지 않습니다. 문해력의 기초가 제대로 다져지지 않는다는 의미입니다.

결국 자신이 정확하게 알고 있는 단어를 통해 새로운 단어의 뜻을 짐작하며 어휘력을 확장시켜 가는 게 가장 좋습니다. 어휘력이 늘어나면 교과 개념을 정확하게 이해하고, 학습 내용도 빠르게 습득할 수 있지요. 선생님의 가르침이나 교과서 속 내용이 무슨 뜻인지 금방 알 수 있으니까요. 이 힘이 바로 문해력이 됩니다. 〈문해력 잡는 초등 어휘력〉은 어휘력 확장을 통해 문해력을 키우는 과정을 돕는 책입니다.

정춘수 기획위원

문해력 잡는 단계별 어휘 구성

〈**문해력 잡는 초등 어휘력**〉은 사용 빈도수가 높은 기본 어휘(씨글자)240개와 학습도구어와 교과내용어를 포함한 확장 어휘(씨낱말) 260개로 우리말 낱말 속에 담긴 단어의 다양한 뜻을 익히고 이를 통해 문해력을 키우는 프로그램입니다. 한자의 음과 뜻을 공유하는 낱말끼리 어휘 블록으로 엮어서 한자를 모르는 아이도 직관적으로 그 관계를 파악할 수 있습니다. 초등 기본 어휘와 어휘 관계, 학습도구어, 교과내용어 12,000개를 예비 단계부터 D단계까지 전 24단계로 구성해 미취학 아동부터 중학생까지 수준별 학습이 가능합니다. 어휘의 어원에 따라 자유롭게 어휘를 확장하며 다양한 문장을 구사하는 능력을 기르는 동안 문장 사이의 뜻을 파악하는 문해력은 자연스럽게 성장합니다.

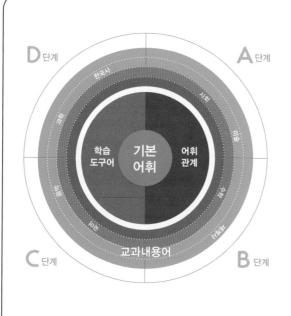

기본 어휘
초등 교과서 내 사용 빈도수가 높고, 일상적인 언어 활동에서 기본이 되는 어휘

어휘 관계
유의어, 반의어, 동음이의어, 도치어, 상하위어 등 어휘 사이의 관계

학습도구어
학습 개념을 이해하고 논리적으로 설명하는 과정에 쓰이는 도구 어휘

교과내용어
국어, 수학, 사회, 과학, 한국사, 예체능 등 각 교과별 학습 내용을 정확히 이해하는 데 필요한 개념 어휘

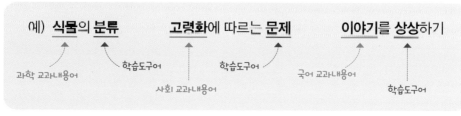

어휘력부터 문해력까지, 한 권으로 잡기

씨글자 | 기본 어휘

기본 어휘
하나의 씨글자를 중심으로
어휘를 확장해요.

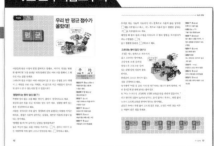

씨낱말 | 학습도구어

확장 어휘 - 학습도구어
둘 이상의 어휘 블록을
연결하여 씨낱말을 찾고
어휘를 확장해요.

씨낱말 | 교과내용어

확장 어휘 - 교과내용어
둘 이상의 어휘 블록을
연결하여 씨낱말을 찾고
어휘를 확장해요.

어휘 퍼즐

어휘 퍼즐
어휘 퍼즐을 풀며 익힌 어휘를
다시 한번 학습해요.

종합 문제

종합 문제
종합 문제를 풀며
어휘를 조합해 문장으로
넓히는 힘을 길러요.

문해력 문제

문해력 문제
여러 어휘로 이루어진 문장의 의미를
파악하고 글의 맥락을 읽어 내는
문해력을 키워요.

빛을 이용하는 광선 무기

위 그림의 빈칸에 들어갈 말은 '광선'이에요. 광선(光線)은 빛줄기를 뜻해요. 태양에서 오는 여러 가지 에너지 가운데 우리가 가장 쉽게 알 수 있는 것이 바로 빛줄기인 광선이에요. 공상 과학 영화를 보면 광선을 쓰는 무기가 종종 등장하죠. 이런 무기를 광선 무기라고 불러요.

가시광선이라는 말 들어 보았나요? 가시처럼 가는 광선이냐고요? 하하, 아니에요. 사람 눈에 보이는 빛줄기라는 말이에요. 태양에서 오는 빛 가운데 우리 눈으로 볼 수 있는 부분을 가시광선이라고 하지요. 우리가 물건을 볼 수 있는 것도 다 빛이 있기 때문이에요.

> 세상에서 가장 빠른 것은 무엇일까요? (　　　)
>
> ① 빛　② 올림픽 100m 금메달리스트　③ 로켓　④ 슈퍼맨

정답은 ① 빛이에요. 세상에서 빛보다 빠른 것은 없지요.
빛의 속도를 광속(光速)이라고 해요.
우주에 있는 별들은 아주 멀리 떨어져 있어요. km 같은 단위로는 나타내기가 어렵지요. 그래서 광년(光年)이라는

光	빛 광

- **광선**(光 線줄 선)
  빛줄기
- **광선 무기**
  (光線 武굳셀 무 器도구 기)
  광선을 쓰는 무기
- **가시광선**
  (可가능할 가 視볼 시 光線)
  눈으로 볼 수 있는 빛
- **광속**(光 速빠를 속)
  빛의 속도
- **광년**(光 年해 년)
  빛이 1년 동안 간 거리

어이구, 엄청 빠르네.

단위를 써요. 1광년은 빛이 1년 동안 나아가는 거리를 말해요. 1초 동안 지구를 7바퀴 반이나 도는 빛이 몇 년씩 가야 할 만큼 별과 별 사이는 멀리 떨어져 있답니다.

밤하늘의 별은 어두울수록 더 잘 보이지요. 이처럼 스스로 빛을 내는 물체를 광원(光源)이라 불러요. 스스로 빛나는 별이나 태양이 바로 광원이지요.

왼쪽 빈칸에 들어갈 말은 무엇일까요? (   )

① 명품   ② 야광
③ 역광   ④ 영광

네, 정답은 ② 야광(夜光)이에요. 야광은 어두운 곳에서도 빛을 내는 것을 말해요. 야광 시계는 시곗바늘과 숫자에 특수한 물질을 써서 어두운 곳에서도 시간을 알려 주지요.

방이나 교실 천장에 많이 매달려 있는 등은 무엇일까요? (   )

① 학교종   ② 형광등   ③ 외등   ④ 가스등

정답은 ② 형광등이에요. 형광등은 형광 물질을 바른 유리관에 전자빔을 쏘아 빛을 내게 하는 등을 말해요.

음식물 포장지에 "직사광선을 피해 보관하시오."라고 씌어 있는 문구를 본 적이 있지요? 직사광선이란 정면으로 곧게 비추는 빛줄기를 말하지요.

빛은 정보를 전달해 주기도 해요. 광섬유는 빛을 전달하는 가느다란 유리 섬유를 말해요. 빛처럼 빠르게 정보를 전달해 주지요.

이처럼 빛과 관계있는 여러 현상들을 연구하는 학문을 광학이라고 해요. 광학에는 현미경, 망원경 같은 도구들이 쓰이지요.

광원(光 源근원 원)
스스로 빛을 내는 물체

야광(夜밤 야 光)
어둠 속에서 빛을 냄

야광 시계
(夜光 時때 시 計잴 계)
밤에 빛을 내는 시계

형광(螢반딧불 형 光)
반딧불, 또는 어떤 물체가 전자빔 따위를 받았을 때 내는 고유한 빛

형광등(螢光 燈등 등)
형광 물질을 이용해 빛을 내는 등

직사광선
(直곧을 직 射쏠 사 光線)
정면으로 곧게 비추는 빛줄기

광섬유
(光 纖가늘 섬 維밧줄 유)
빛을 전달하는 유리 섬유

광학(光 學학문 학)
빛과 관계있는 여러 현상들을 연구하는 학문

🔔 **역광(逆거스를 역 光)**
사진을 찍을 때 물체의 뒤에서 직접 카메라로 들어오는 빛이에요. 찍으려는 물체의 상이 흐려지므로 역광은 피하는 게 좋이요.

영광(榮光)은 어떤 때 쓰는 말일까요? 영광은 빛나는 명예를 가리키는 말이에요. 금메달을 따거나 상을 타는 것처럼 남이 하기 힘든 일을 해냈을 때 쓰면 좋겠지요. 각광(脚光)은 사회적 관심이나 주목을 뜻해요. '각광을 받다'는 사회적으로 주목받는다는 뜻이에요.

광경(光景)은 눈앞에서 펼쳐진 일의 모습 또는 경치를 뜻하지요. 슬픈 ☐☐, 우스운 ☐☐.
서광(曙光)은 동이 틀 무렵의 빛 또는 희망이 보이는 징조를 뜻해요. '서광이 비치다'는 밤이 끝나고 새벽빛이 드는 것처럼 좋은 일이 생길 희망이 보인다는 뜻으로 쓰는 말이지요.
광택(光澤)은 빛이 반사되어 물체 표면이 반짝이는 것을 말해요. 또 구두나 보석처럼 빛에 반사되어 반짝거리는 것을 말하기도 한답니다.

光 빛날 광

- 영광(榮영예 영 光) 빛나는 명예
- 각광(脚 다리 각 光) 사회적 관심이나 주목

본래 각광은 무대의 앞 아래에서 배우를 비추는 빛이에요. 그 위치에서 조명을 받으면 당연히 사람들의 주목을 끌겠죠?

- 광경(光 景 경치 경) 눈앞에 펼쳐진 모습 또는 경치
- 서광(曙 새벽 서 光) 동이 틀 무렵의 빛 / 희망이 보일 징조
- 광택(光 澤 윤기 택) 빛이 반사되어 물체 표면이 반짝이는 것

🔔 경기도에도 광주(廣 넓을 광 州)가 있어요. 전라남도 광주(光 州)와 헷갈리지 마세요.

🔔 **이런 말도 있어요**

빛 광(光)은 도시 이름에도 많이 쓰이죠. 전라남도 광주는 한자 풀이 그대로 빛고을이라 불려요. 전라남도 광양은 햇볕이 잘 드는 양지바른 곳이에요. 경기도에는 밝게 빛난다는 뜻의 광명시가 있어요.

8

빛은 여러 가지 색으로 빛나지요. 파란색으로 빛나면 청광(靑光), 빨간색으로 빛나면 적광(赤光)이에요. 극광(極光)은 남극이나 북극 지방에서 녹색 커튼처럼 빛나는 오로라를 가리켜요.

빈칸에 알맞은 말은 무엇일까요? (　　)

① 관광지 ② 수원시
③ 놀이터 ④ 수영장

정답은 ① 관광지예요. 수원 화성은 세계 문화유산으로 유명한 관광지예요. 관광(觀光)은 볼거리가 있는 곳에 가서 풍경이나 문물을 보고 즐기는 것을 말해요. 관광지는 다른 곳에서 온 관광객들로 항상 붐벼요. 이럴 때 광(光)은 풍경을 말하지요.

다음 중 우리나라가 일제 식민지에서 벗어난 날을 가리키는 말은 무엇일까요? (　　)

① 광복절　　② 제헌절　　③ 삼일절　　④ 개천절

정답을 모르는 친구들은 없겠지요? 답은 광복절이에요. 광복(光復)이란 일제 강점기의 어두움에서 벗어나 다시 빛을 찾았다는 말이에요. 나라를 소중한 빛에 빗댄 말이죠. 그러면 광복군은 누구일까요? 네, 조국 광복을 위해 싸운 군대예요.

- **청광**(靑푸를 청 光)
푸른빛
- **적광**(赤붉을 적 光)
붉은빛
- **극광**(極끝 극 光)
양 극지방 하늘이 밝게 빛나는
현상 = 오로라

光	풍경 광

- **관광**(觀볼 관 光)
볼거리가 있는 곳에 가서 풍경이나 문물을 보며 즐김
- **관광지**(觀光 地땅 지)
구경할 만한 볼거리가 있는 곳
- **관광객**(觀光 客손님 객)
관광하러 다니는 사람

光	빛 광

- **광복**(光 復회복할 복)
빛을 되찾음 / 빼앗긴 나라를 다시 찾음
- **광복군**(光復 軍군사 군)
광복을 위해 싸운 군대

광선　광속　광년　광원　야광　형광

직사광선　광섬유　광학　영광　관광

光
빛 광

광선

광선 무기

가시광선

광속

광년

광원

야광

야광 시계

형광

형광등

직사광선

광섬유

광학

역광

1 공통으로 들어갈 한자를 따라 쓰세요.

선

속

가 시 선

光
빛 **광**

형 등

관

극

2 어떤 낱말에 대한 설명인지 쓰세요.

1) 눈앞에 펼쳐진 모습 또는 경치 ➡ ☐☐

2) 빛나는 명예 ➡ ☐☐

3) 구경할 만한 볼거리가 있는 곳 ➡ ☐☐☐

3 알맞은 낱말을 찾아 문장을 완성하세요.

1) 이쪽으로 다시 서 봐. 그쪽은 ☐☐이라 사진 찍기에 좋지 않아.

2) 도로에 차선을 ☐☐으로 그어 놓으니 밤에도 잘 보이네.

3) 우리나라의 주요 ☐☐☐는 설악산, 제주도, 경주야.

4) 일제 강점기에 나라의 광복을 위해 싸운 군대는 ☐☐☐이에요.

4 문장에 어울리는 낱말을 골라 ○표 하세요.

1) 그 (관광지 / 관광객)은(는) 손님들로 북적대요.

2) 불을 끄고도 시계의 시간이 보인나면 그건 (잉광 / 야광) 시계예요.

3) (광섬유 / 광택)(이)란 빛을 전달하는 가는 유리 섬유를 말해요.

4) 좋은 일이 생길 희망이 보인다면, (서광 / 광경)이 비친다고 하지요.

5 설명을 읽고, 알맞은 낱말을 연결하세요.

1) 빛의 속도 ● ● 광섬유

2) 빛이 반사되어 물체의 표면이 반짝이는 것 ● ● 광속

3) 빛을 전달하는 유리 섬유 ● ● 광복

4) 빼앗긴 나라를 다시 찾음 ● ● 광택

6 아래 그림과 관계있는 낱말을 고르세요. (　　)

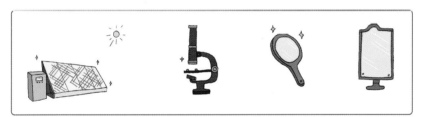

① 광학　　　② 광합성　　　③ 광복　　　④ 야광

영광

각광

광경

서광

광택

광주(廣州)

광주(光州)

청광

적광

극광

관광

관광지

관광객

광복

광복군

우리의 출입을 제한한다고?

制 제한할 제

뭐야, 인간 차별 아냐?

위 그림의 빈칸에 들어갈 말은 무엇일까요? (　　)

① 안전　　　② 통과　　　③ 제한　　　④ 보호

맞아요, 제한이에요. 괴물 전용이라 인간은 못 들어간다는 것이에요. 제한(制限)은 한도를 정하거나 그 한도를 넘지 못하게 막는다는 말이에요. 그래서 출입을 제한하는 곳은 제한 구역이고, 정해진 시간 안에 주어진 일을 끝마쳐야 하는 것은 시간 제한이지요. 이럴 때 제(制)는 제멋대로 굴지 못하게 하다, 즉 '제한하다'를 뜻하지요.

제한과 비슷한 말로 제약(制約)이 있어요. 조건을 붙여 제한하는 것을 말해요. 제어(制御)는 기계 따위를 뜻에 맞게 부려 쓰는 것이에요. 제어할 수 있게 하는 장치는 제어 장치예요. 기계 등의 움직임을 멈추는 것은, 움직임을 제한한다는 뜻에서 제동(制動)이라고 하지요.

으아아악~ 제어할 수가 없어.

뚜악~

制 제한할 제

▸ **제한**(制 限한계 한)
　한도를 정하거나 그 한도를 넘지 못하게 막는 것

▸ **제한 구역**
　(制限 區구분할 구 域경계 역)
　출입을 제한하는 구역

▸ **시간 제한**
　(時때 시 間사이 간 制限)
　정해진 시간 안에 일을 마쳐야 함

▸ **제약**(制 約묶을 약)
　조건을 붙여 제한함

▸ **제어**(制 御다스릴 어)
　기계 따위를 뜻에 맞게 부려 씀

▸ **제동**(制 動움직일 동)
　자동차나 기계 따위의 움직임을 멈춤

그림 제(制)의 뜻을 생각하면서 다음 빈칸을 채워 볼까요?

감정이나 욕망을 스스로 억누르는 것은 자☐,

알맞은 한도를 넘지 않도록 제한하는 것은 절☐,

규칙에 따라 일정한 한도를 정하고 그것을 넘지 못하게 제한하는 것은 규☐,

한도를 넘어서 나아가려는 것을 억눌러 그치게 하는 것은 억☐.

그럼 강제(強制)는 무슨 뜻일까요? 하기 싫은 일을 힘을 써서 억지로 하게 하는 것을 뜻해요. 억지로 일을 시키는 것은 강제 노동, 억지로 사람을 모으는 것은 강제 동원이라고 해요.

교통 통세나 도로 통제란 말을 들어 봤지요? 이렇게 통제(統制)는 어떤 방침이나 목적에 따라 제한하거나 제약하는 것을 말해요. 통제는 강제로 이루어지는 경우가 많죠.

우리는 하나라는 단결심을 심어 주기 위해 복장을 통제하기도 해요. 우리가 유니폼이라고 부르는 제복(制服)을 말하시요. 학교나 회사, 관청 등에서는 똑같은 형태의 옷인 제복을 입게 한답니다.

다음 중 제복이 아닌 것은 뭘까요? (　　　)

① 경찰복　　　② 교복　　　③ 잠옷　　　④ 군복

정답은 ③ 잠옷이지요. 경찰복, 교복, 군복 같은 제복은 목적에 맞는 모양과 장식 등을 갖추고 있지요.

■ **자제**(自 스스로 자 制)
감정이나 욕망을 스스로 억누름

■ **절제**(節 절도 절 制)
알맞은 한도를 넘시 않노록 제한함

■ **규제**(規 규칙 규 制)
규칙에 따라 한도를 정하고 그것을 넘지 못하게 제한함

■ **억제**(抑 억누를 억 制)
한도를 넘으려는 것을 억눌러 그치게 함

■ **강제**(強 강할 강 制)
하기 싫은 일을 힘을 써서 억지로 하게 함

■ **강제 노동**
(強制 勞 일할 노 動 움직일 동)
강제로 일을 시킴

■ **강제 동원**
(強制動 員 사람 원)
강제로 사람을 모음

■ **통제**(統 거느릴 통 制)
어떤 방침이니 목적에 따라 제한함

■ **제복**(制 服 옷 복)
똑같은 형태의 옷 = 유니폼

착륙하려 한다.
관제탑 나와라!
오버.

비행기가 착륙하려면 관제탑의 지시를 받아야 하지요. 관제탑은 비행기의 교통을 통제하는 곳이에요. 관제(管制)는 어떤 일을 관리하고 통제하는 것이에요. 특히 공항 같은 곳에서 공공의 필요에 따라 강제로 관리하고 통제하는 것을 말해요.

制	제한할 제

■ **관제**(管관리할 관 制)
관리하고 통제함
■ **관제탑**(管制 塔탑 탑)
관리하고 통제하는 탑

制	만들 제

■ **제헌**(制 憲헌법 헌)
헌법을 만들어 정함
■ **제헌절**(制憲 節 기념일 절)
헌법 제정·공포한 것을 기념하는 날
■ **제정**(制 定정할 정)
제도나 법률을 만들어 정함
■ **창제**(創비롯할 창 制)
없던 것을 처음으로 만듦
= 창제(創製)

다음은 무슨 날일까요? 빈칸에 알맞은 말을 써 보세요.

3월 1일 – 삼일절	7월 17일 – □□□
8월 15일 – 광복절	10월 3일 – 개천절

네, 정답은 제헌절이에요. 삼일절, 제헌절, 광복절, 개천절은 우리나라의 대표적인 국경일이에요. 여기에 한글날까지 추가하면 5대 국경일이 되죠. 삼일절은 일제에 맞서 독립운동을 한 날, 광복절은 일제로부터 우리나라를 되찾은 날, 개천절은 우리나라를 처음으로 세운 날이에요.

그럼 제헌절은 무엇을 기념하기 위한 날일까요? 우리나라의 헌법을 만들어 널리 알린 것을 기념하는 날이에요. 제헌(制憲)은 헌법을 만들어 정했다는 뜻이에요. 이렇게 제도나 법률 따위를 만들어서 정하는 것을 제정(制定)이라고 해요. 이때 제(制)는 법이나 제도 등을 만들다란 뜻이에요.

🔔 **이런 말도 있어요**

전에 없던 것을 처음으로 만드는 것을 창제(創制)라고 해요. 같은 말로 창제(創製)도 있어요. 제(製) 자 역시 만들다를 뜻해요. 제(制)와 음과 뜻이 같지만 둘은 쓰임이 달라요. 제(制)는 '법이나 제도 등을 만들다'라는 뜻으로 쓰이고, 제(製)는 빵을 만드는 제과(製菓), 강철을 만드는 제강(製鋼), 물건을 만드는 제조(製造)처럼 주로 '물건을 만들다'라는 뜻으로 쓰이지요.

■ **제과**(製 菓과자 과) 과자를 만들다　　■ **제강**(製 鋼강철 강) 강철을 만들다　　■ **제조**(製 造만들 조) 물건을 만들다

차 번호 끝자리 수가 2니까 2일에 차가 쉬어야 하는 것은 차량 10부제 때문이에요. 차 번호 끝자리와 같은 날에 차를 쉬도록 권하여 교통 혼잡을 막기 위해서 실시하는 제도예요. 제도(制度)는 필요에 의해 나라나 모임에서 정한 규칙이에요.

쓰레기 종량제(從量制)는 쓰레기 배출량에 따라 수수료를 내는 제도예요. 우리나라는 지정된 쓰레기봉투에만 쓰레기를 담아 버리도록 하고 있지요. 금융 실명제(實名制)는 은행 예금 같은 금융 거래를 할 때에 거래자의 실제 이름을 사용하도록 하는 제도예요.

원하는 고등학교나 대학교에 입학하기 위해서 시험을 치르는 입시 ☐☐,

가입자가 수입에 따라 다달이 보험료를 내고, 병이 나거나 다쳤을 때 치료를 받을 수 있게 하는 의료 보험 ☐☐,

한 사건에 대하여 세 번의 재판을 받을 수 있는 삼심 ☐☐도 있어요.

制 | 제도 제

■ **제도**(制 度법도 도)
필요에 의해 정한 규칙

■ **종량제**
(從따를 종 量양 량 制)
사용한 양에 따라 요금을 내는 제도

■ **실명제**
(實실제 실 名이름 명 制)
거래를 할 때 실제 이름을 쓰게 하는 제도

■ **삼심 제도**
(三셋 삼 審살필 심 制度)
한 사건에 대하여 세 번의 재판을 받을 수 있는 제도

| | 제 한 | | 제 약 | | 제 어 | | 제 동 | | 강 제 | | 제 복 |
| 관 제 탑 | | 제 헌 절 | | 제 도 | | 제 정 | | 종 량 제 | |

제한

제한 구역

시간 제한

제약

제어

제동

자제

절제

규제

억제

강제

강제 노동

강제 동원

통제

제복

1 공통으로 들어갈 한자를 따라 쓰세요.

규

강

한 구 역

制
제한할 제

종 량

약

동

2 어떤 낱말에 대한 설명인지 쓰세요.

1) 헌법을 만들어 정함 → ☐☐

2) 과자를 만드는 것 → ☐☐

3) 관리하고 통제하는 탑 → ☐☐☐

3 알맞은 낱말을 찾아 문장을 완성하세요.

1) 수학 문제 풀기 시작! ☐☐ 시간은 10분!

2) 어라, 이상하다. 자전거 방향을 ☐☐할 수가 없어.

3) 살을 빼려면 과자, 빵, 라면 등 모두 먹지 않아야 돼. 무슨 ☐☐
이 이렇게 많아.

4 문장에 어울리는 낱말을 골라 ○표 하세요.

1) 헌법 제정을 기념하는 날은 (광복절 / 제헌절)이야.

2) 자동차 (제한 구역 / 시간 제한)에서는 차를 놓고 걸어가야 해.

3) 학교에선 교복, 군대에서는 군복과 같은 (규제 / 제복)을(를) 갖춰 입어
   야 해.

5 설명을 읽고, 알맞은 낱말을 연결하세요.

1) 감정이나 욕망을 스스로 억누름 •   • 제동

2) 하기 싫은 일을 억지로 하게 함 •   • 규제

3) 규칙에 따라 한도를 넘지 못하게 제한함 •   • 자제

4) 기계 등의 움직임을 멈춤 •   • 강제

6 화살표를 따라가며 글자를 모아 보세요.   → 예 → 아니오

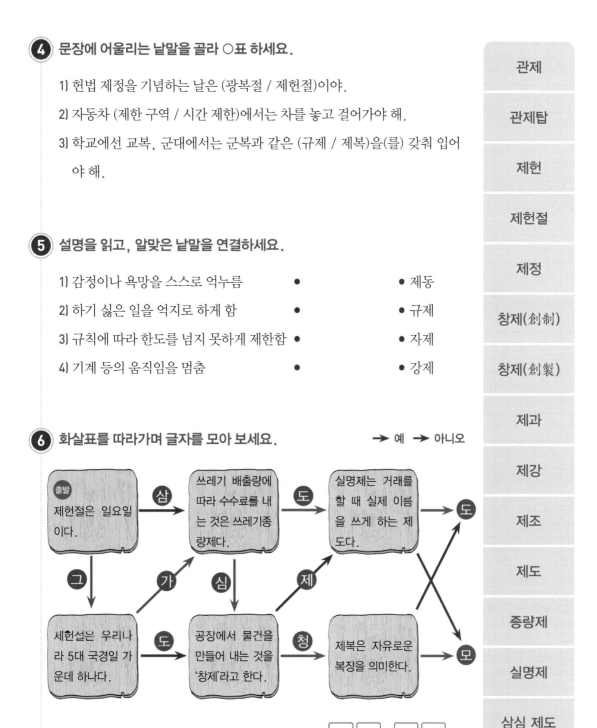

| 관제 |
| 관제탑 |
| 제헌 |
| 제헌절 |
| 제정 |
| 창제(創制) |
| 창제(創製) |
| 제과 |
| 제강 |
| 제조 |
| 제도 |
| 종량제 |
| 실명제 |
| 삼심 제도 |

이름은 절대 바뀌지 않는다! 과연 그럴까요? 이름도 바꿀 수 있어요. 이름을 바꿔야 하는 이유가 있다면 법원의 허락을 받고 바꿀 수 있지요. 이름을 바꾸는 것을 개명(改名)이라고 해요.

이렇게 무언가를 바꾼다라고 할 때에는 앞에 개(改) 자를 붙인답니다. 그러면 바꾸다라는 뜻을 생각하면서 빈칸을 채워 볼까요?

잘못된 마음을 바꾸는 것은 ☐심,

종교를 바꾸는 것은 ☐종.

때로는 법을 바꾸기도 하지요. 그럼 법을 만들거나 바꾸는 일은 어디에서 할까요? 바로 국회이지요. 국회에서는 법을 만들기도 하고, 고치기도 해요. 법 중에서 가장 최고의 법인 헌법도 바꿀 수 있지요. 헌법을 고치는 것을 개헌(改憲)이라고 해요.

정부에서는 여러 가지 이유로 각료들을 바꾸기도 하지요. 흔히 개각을 단행한다고 하는데 개각(改閣)이란 정부 내각을 고쳐서 짠다는 말이지요.

대통령이 중심인 나라에서는 대통령을 도와 일을 하고, 대통령이 잘못된 결정을 내리지 않도록 곁에서 조언하는 사람을 바꾸는 것을 뜻해요.

改 **바꿀 개**

■ **개명**(改 名이름 명)
이름을 바꿈

■ **개심**(改 心마음 심)
잘못된 마음을 바꿈

■ **개종**(改 宗종교 종)
종교를 바꿈

■ **개헌**(改 憲헌법 헌)
헌법을 바꿈

■ **개각**(改 閣내각 각)
각료를 바꿈

🔔 **각료**
내각을 구성하는 장관들을 각료(閣내각 각 僚관리 료)라고 해요. 내각은 행정부의 최고 집행 기관이지요.

지하철이나 기차를 타기 전에 승차권을 확인하죠? 요즘에는
표를 넣거나 간단히 카드만 갖다 대면 확인이 가능하지요.
하지만 예전에는 입구에서 담당 사무원이 승차권이나 입장권
한 장 한 장을 일일이 구멍을 내어 확인했어요.
그러면 표의 형태가 바뀌지요? 그래서 '바꾸다, 고치다의 개(改)'
자를 써서 개찰(改札)이라고 했답니다.

아니,
제 표에 구멍을
내시면 어떡해요?

뭐가 이리 복잡해.
개정이 뭐지?

개정(改正)은 바꾸어 바르게 만드는 것, 즉 고치는 것을 말하지요.
어떤 제도나 법률이 처음 만든 때와 달리 현재에는 맞지 않는다면
고쳐야겠지요.
개(改)는 '고쳐서 ~하게 만들다'라는 뜻으로 쓰이지요. 그럼 다음
예문을 한번 볼까요?

> 전통 한복의 불편한 점을 개선한 것이 개량 한복입니다.
> 지붕 개량 등을 통해 생활 환경 개선에 힘쓰고 있습니다.

개선(改善)과 개량(改良)은 잘못된 것이나 부족한 것을 더 좋게 고
치기나 만드는 것을 말하지요. 어떤 차이가 있을까요? 고치는 대상
이 좀 더 구체적일 때에 개량이라고 해요. 호박고구마나 한라봉저
럼 교배나 접목을 통해 품종을 개량한 것을 개량종(改良種)이라고
한답니다.

改 고칠 개

- **개찰(改 札패 찰)**
  입구에서 승차권이나 입장권에
  표시를 해 확인함
- **개정(改 正바로잡을 정)**
  고쳐서 바르게 함
- **개선(改 善훌륭할 선)**
  잘못된 것이나 부족한 것을 고
  쳐 더 좋게 만듦
- **개량(改 良좋을 량)**
  나쁜 점을 보완하여 더 좋게 고침
- **개량종(改良 種씨 종)**
  개량한 품종

改 **다시 개**

■ **개조**(改 造만들 조)
목적에 맞게 고쳐서 다시 만듦

■ **개설**(改 設세울 설)
기구 따위를 새로 수리하거나 바꾸어 설치함

🔔 **개설**(開 시작할 개 設)
'시작할 개(開)' 자를 쓰는 개설은 새로 설치하여 시작한다는 뜻이에요. 은행에서 통장을 만들어 거래를 시작하는 것을 통장 개설이라고 해요.

■ **개편**(改 編엮을 편)
책이나 과정, 조직 등을 고쳐서 다시 엮음

■ **개작**(改 作지을 작)
작품이나 원고를 고쳐서 다시 지음

🔔 **개비**
이사하면서 가구를 새것으로 개비했다라는 말 들어 본 적 있나요? 다시 마련하여 갖추는 것을 개비(改 備갖출 비)라고 말해요.

오래된 한옥의 낡고 불편한 점을 개선해야 할 것 같죠? 목적에 맞게 고쳐서 다시 만드는 걸 개조(改造)라고 해요. 또 자동차 애호가들이 타는 차량이나 군대의 무기 같은 것도 성능을 향상시키기 위해 개조를 하기도 해요. 있던 것을 더 낫게 고치는 것을 말할 때, '다시 개(改)' 자를 써요.

낡은 수도관이나 오래된 전선 등을 교체하여 설치하는 것은 무엇이라 할까요? 개설이라고 해요. 개설(改設)은 기구 등을 새로 수리하거나 바꾸어 설치하는 거예요. 가스관이나 인터넷, 전화선을 다시 설치하여 연결하는 것을 개설이라고 하지요.

좋아하는 방송 프로그램이 개편 때 폐지되거나 방송 시간을 옮기면 서운하죠? 개편(改編)은 고쳐서 다시 짜는 것을 말해요.

교육 과정이 개편되면 교과서도 그에 따라 바뀌지요. 또 조직을 고쳐 다시 짜는 것도 개편이라고 하지요.

작품이나 원고를 고쳐서 다시 짓는 것은 개작(改作)이라고 하지요.

🔔 **이런 말도 있어요**

일제 강점기에 일본은 우리의 민족성을 말살하기 위해 한국인의 성(姓)과 이름을 일본식으로 바꾸는 창씨개명(創氏改名)을 강요했어요.

■ **창씨개명**(創만들 창 氏성 씨 改 名이름 명) 한민족 고유의 이름을 폐지하고 일본식 이름을 강요한 일

改 **고칠 개**

- **개과천선**(改 過잘못 과 遷옮 길 천 善착할 선)
지난날의 잘못을 고쳐 착하게 됨
- **과즉물탄개**(過 則곧 즉 勿 말 물 憚꺼릴 탄 改)
잘못을 하면 바로 고치기를 꺼 리지 말라
- **조문석개**(朝아침 조 聞들을 문 夕저녁 석 改)
잘못을 알면 바로 고침
- **조변석개**(朝 變변할 변 夕改)
너무 자주 고쳐 제대로 되는 일 이 없음

후훗! 청소만 하면 사라지던 동구가 오늘은 제일 먼저 빗자루를 잡았네요. 빈칸에 들어갈 알맞은 사자성어는 무엇일까요?

( )

① 전화위복 ② 개과천선 ③ 일석이조 ④ 솔선수범

정답은 ② 개과천선이죠. 개과천선(改過遷善)이란 지난날의 잘못된 점을 고쳐서 착하게 된다는 말이에요.

공자는 '잘못을 고치지 않는 것이 더 큰 잘못이며, 잘못을 알았으면 고치기를 꺼리지 말라'고 하였지요. 이 가르침은 과즉물탄개(過則勿憚改)라고 해요. 또 아침에 잘못한 일에 대해 들으면 저녁에 고치라는 비슷한 말 조문석개(朝聞夕改)도 있지요. 잘못을 알면 주저하지 않고 바로 고친다는 뜻이에요.

아침저녁으로 고친다는 조변석개(朝變夕改)도 있어요. 너무 자주 바꾸어 제대로 되는 일이 없다는 뜻이에요.

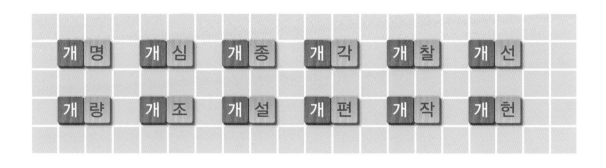

改
바꿀 개

1 공통으로 들어갈 한자를 따라 쓰세요.

| 량 | | | | | | 편 |

과 천 선 **改** 창 씨 명

바꿀 개

| 종 | | | | | | 작 |

왼쪽 탭 목록:

개명
개심
개종
개헌
개각
각료
개찰
개정
개선
개량

2 어떤 낱말에 대한 설명인지 쓰세요.

1) 이름을 바꿈 ➡ ☐☐

2) 입구에서 승차권이나 입장권에 표시를 해 확인함 ➡ ☐☐

3) 지난날의 잘못을 고쳐 착하게 됨 ➡ ☐☐☐☐

3 알맞은 낱말을 찾아 문장을 완성하세요.

1) 요즘 부모님과 함께 믿던 종교를 바꾸어 다른 종교를 믿는 ☐☐ 을 심각하게 고민 중이야.

2) 학생! 승차권 ☐☐ 하고 들어가야지.

3) 장애인 편의 시설이 더욱 ☐☐ 되어야 한다고 생각합니다.

4) 이름이 마음에 들지 않으면 이름을 바꾸는 ☐☐ 신청을 하면 돼.

④ 문장에 어울리는 낱말을 골라 ○표 하세요.

1) 국회에서 (개헌 / 개종)안이 통과되었습니다.

2) 문희는 은행에 가서 처음으로 통장을 (개작 / 개설) 하였습니다.

3) (창씨개명 / 조문석개)은(는) 일제 강점기에 일본이 우리의 민족성을 말

살하려는 정책이었습니다 .

⑤ 설명을 읽고, 알맞은 낱말을 연결하세요.

1) 잘못된 마음을 바꿈　　　　　●　　　　　● 개편

2) 헌법을 바꿈　　　　　　　　　●　　　　　● 개작

3) 작품이나 원고를 고쳐서 다시 지음 ●　　　● 개헌

4) 책이나 조직 등을 고쳐서 다시 엮음 ●　　　● 개심

⑥ 화살표를 따라가며 글자를 모아 보세요.　　　→ 예　→ 아니오

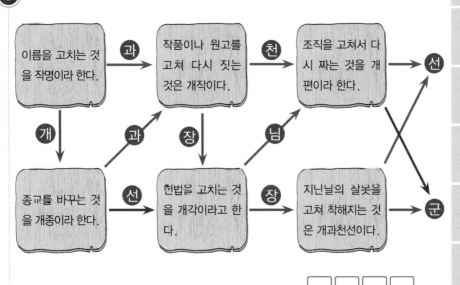

| 개량종 |
| 개조 |
| 개설(改設) |
| 개설(開設) |
| 개편 |
| 개작 |
| 개비 |
| 창씨개명 |
| 개과천선 |
| 과즉물탄개 |
| 조문석개 |
| 조변석개 |

금으로 변해라, 뚝딱!

변할 변

와우! 도깨비 방망이는 정말 대단하네요. 돌멩이가 몽땅 금과 은으로 변했어요. 이렇게 사물의 모습, 성질, 상태 등이 바뀌어 달라진 것을 변(變)했다고 하지요. 변하는 것은 변화(變化)예요.

변(變)의 뜻을 생각하면서 빈칸을 채워 볼까요?

모습과 형태가 달라진 것은 □형 또는 □모,

시간의 흐름에 따라 변하는 모습은 □천,

마음이 변한 것은 □심이라고 해요.

또 겉모습이나 태도 등을 바꾸는 것을 변신(變身)이라고 해요.

> 변화가 심한 것은 변화무쌍(變化無雙)하다고 해요. 그럼 이랬다저랬다 변화가 심한 사람을 무엇이라고 부를까요? (　　　)
>
> ① 요술쟁이　② 변덕쟁이　③ 심술쟁이　④ 개구쟁이

정답은 ② 변덕쟁이예요. 변덕(變德)은 쉽게 잘 변하는 성질이나 태도를 뜻해요. 변화무쌍과 비슷한 말이지만 대개 안 좋은 의미로 쓰이지요.

變 변할 변

- **변화**(變 化될 화)
  변하는 것
- **변화무쌍**
  (變化 無없을 무 雙쌍 쌍)
  변화가 무척 심함
- **변형**(變 形형태 형)
  형태가 변함
  = 변모(變 貌얼굴 모)
- **변천**(變 遷옮길 천)
  시간의 흐름에 따라 변함
- **변심**(變 心마음 심)
  마음이 변함
- **변신**(變 身몸 신)
  몸의 모양이나 태도 따위를 바꿈
- **변덕**(變 德도덕 덕)
  쉽게 잘 변하는 성질이나 태도

자기의 본래 모습을 알아볼 수 없게 히려고 옷차림이나 머리 모양 등을 바꾸는 것을 변장(變裝)이라고 해요. 변장을 했어도 목소리까지 바꿀 수는 없지요. 목소리가 변한 것은 변성(變聲)이에요. 사춘기 때 남자아이들은 목소리가 굵게 변하는 변성기가 온답니다.

애벌레는 번데기를 거쳐 벌레가 돼요. 그것도 변신일까요? 몸이 바뀌니까 변신일 것 같지만 그럴 땐 탈바꿈 변태(變態)라고 하는 게 더 정확해요.

음하하~ 애벌레에서 나비로 **변신**했어. 어때, 멋지지?

그건 변신이 아니고 **변태**야!

오늘의 계획이 다른 것으로 변경되는 깃처럼 변경(變更)은 다르게 바꾸어 새롭게 고친다는 뜻이에요. 변동(變動) 역시 다르게 바뀐 걸 말해요. 다르게 바뀐 사항은 변동 사항이에요.

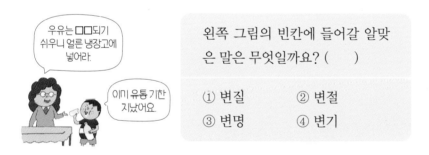
우유는 □□되기 쉬우니 얼른 냉장고에 넣어라.

이미 유통 기한 지났어요.

왼쪽 그림의 빈칸에 들어갈 알맞은 말은 무엇일까요? (   )

① 변질　　② 변절
③ 변명　　④ 변기

맞아요, ① 변질(變質)이에요. 본래의 성질이 변했다는 뜻이에요. 변질되는 건 음식만이 아니에요. 성격이나 감정, 사회 현상까지도 변질될 수 있어요. 변절(變節)은 본래 가지고 있던 절개나 지조가 변질된 것을 말해요.

변(變)이 쓰이는 낱말들이 더 있는지 알아볼까요?

예전과 완전히 달리지게 바꾸는 □혁,

빠른 시간 안에 갑자기 변하는 급□,

상황이 갑자기 많이 변하는 격□,

뜻밖에 갑자기 변하는 돌□.

■ **변장**(變 裝감출 장)
모습을 알아볼 수 없게 모습을 바꿈

■ **변성**(變 聲소리 성)
목소리가 변함

■ **변성기**(變 聲 期기간 기)
목소리가 변하는 시기

■ **변태**(變 態모양 태)
탈바꿈

■ **변경**(變 更다시 경)
다르게 바꾸어 새롭게 고침

■ **변동**(變 動움직일 동)
다르게 바꿈

■ **변질**(變 質바탕 질)
본래의 성질이 변함

■ **변절**(變 節절개 절)
절개나 지조가 변함

■ **변혁**(變 革가죽 혁)
완전히 달라지게 바뀜

■ **급변**(急급할 급 變)
급격하게 바뀜

■ **격변**(激과격할 격 變)
격렬하게 바뀜

■ **돌변**(突갑자기 돌 變)
갑자기 바뀜

우리는 주변 온도에 따라 체온이 변하는 □□ □□이에요.

괘!

빈칸에 들어갈 말은 무엇일까요? ( )

① 변온 동물

② 징그럽다

③ 온혈 동물

④ 딱딱하다

정답은 ① 변온 동물이지요. 뱀, 개구리, 거북이는 변온 동물(變溫動物)이에요. 체온을 조절하는 능력이 없어서 주변의 온도에 따라 체온이 변하지요. 파충류, 어류, 양서류가 대표적이에요. 이들 변온 동물은 추운 겨울이 되면 체온이 내려가기 때문에 활동하는 대신 겨울잠을 자요.

열이나 힘을 받아 원래 가지고 있던 성질이 변한 암석은 변성암(變成巖)이라고 해요. 즉 열이나 힘의 변성 작용 때문에 변한 것이지요.

그러면 주제가 되는 선율을 바탕으로 리듬이나 화성 따위를 변형하여 연주하는 곡은 뭘까요? ( )

① 행진

② 변주곡

③ 팝송

④ 민요

맞아요, ② 변주곡(變奏曲)이에요. 변주곡은 즉흥적으로 연주되기도 해요. 그러려면 그때그때 처한 상황에 맞추어 재빨리 일을 처리하는 임기응변(臨機應變)에 능해야 하지요. 혹시 만고불변(萬古不變)이라는 말을 들어 봤나요? 만고불변은 아주 오랜 세월 동안 변하지 않는 것을 뜻해요.

재치 있는 사람은 **임기응변**에 강해.

뭐 웅변?

變 변할 변

■ **변온 동물**(變 溫따뜻할 온 動움직일 동 物만물 물)
체온을 조절할 능력이 없어서 주변 온도에 따라 체온이 변하는 동물

■ **변성암**
(變 成이룰 성 巖바위 암)
열이나 힘을 받아 본래 성질이 변한 암석

■ **변성 작용**
(變 成 作지을 작 用쓸 용)
변하게 만드는 작용

■ **변주곡**
(變 奏연주할 주 曲악곡 곡)
중심 선율의 리듬이나 화성을 변형해서 연주하는 곡

■ **임기응변**(臨임할 임 機갈림길 기 應응할 응 變)
갑자기 처한 상황에 재빨리 일을 처리함

■ **만고불변**(萬일만 만 古옛 고 不아니 불 變)
오랜 세월 동안 변하지 않음

■ **어변성룡**(魚 물고기 어 變成龍용 용)
물고기가 변하여 용이 됨

🔔 이런 말도 있어요

어변성룡(魚變成龍)은 물고기가 변해서 용이 된다는 뜻이에요. 그래서 형편이 어렵던 사람이 부귀영화를 누리게 되거나 보잘것없던 사람이 큰 인물이 됨을 이를 때 쓰지요.

자연 현상으로 인해 생긴 재앙은 천재지변(天災地變)이에요.

오마이갓! 폭풍에 지진에…

다음 중 천재지변인 것에 ○표 하세요.

홍수(　　)　　　전쟁(　　)
가뭄(　　)　　　지진(　　)

홍수, 가뭄, 지진은 사람의 힘으로는 어찌할 수 없는 하늘이 내린 재난이지요. 전쟁은 사람이 일으킨 것이니까 천재지변이 아니에요. 국가 간에 이루어지는 무력 충돌인 사변(事變)은 한 나라가 상대국에 선전 포고도 없이 침입하는 일, 또는 전쟁에까지 이르지는 않았으나 경찰의 힘으로는 막을 수 없어 무력을 사용하게 되는 난리를 말하지요. 이럴 때 변(變)은 재난, 재앙이라는 말이에요.

천재지변처럼 갑작스럽게 재앙이 발생하는 것은 변고(變故)예요. 예상하지 못한 변고는 이변(異變), 이변 중에서도 알 수 없는 이상 야릇한 사고는 변괴(變怪)예요. 사고나 재난으로 죽는 것은 변사(變死), 그렇게 죽은 시체는 변사체예요.

앗, 바지가…. 이게 무슨 □□이야? 아이, 창피해.

빈칸에 들어갈 말은 무엇일까요? (　　)

① 봉변　　　② 소변　　　③ 답변

뜻밖에 망신스러운 일을 당하는 건 봉변(逢變)이라고 해요.

變 재앙 변

■ **천재지변**(天하늘 천 災재난 재 地땅 지 變)
자연 현상으로 인한 재앙

■ **사변**(事일 사 變)
무력을 사용하게 되는 난리

■ **변고**(變 故연고 고)
갑작스럽게 발생한 재앙

■ **이변**(異다를 이 變)
예상하지 못한 변고

■ **변괴**(變 怪괴이할 괴)
까닭을 알 수 없는 변고

■ **변사**(變 死죽을 사)
사고나 재난으로 죽음

■ **변사체**(變 死 體몸 체)
재난으로 죽은 시체

■ **봉변**(逢만날 봉 變)
뜻밖에 당한 망신스러운 일

🔔 **6·25 사변**
1950년 6월 25일에 발생한 한반도 남과 북의 전쟁을 6·25 사변이라고 하지요.

변화　변형　변신　변덕　변장　변태

변동　변질　변온동물　변주곡　사변

변할 변

변화

변화무상

변형

변모

변천

변심

변신

변덕

변장

변성

변성기

변태

변경

변동

변질

변절

변혁

급변

❶ 공통으로 들어갈 한자를 따라 쓰세요.

| 봉 |
| 사 |

화 무 쌍

變

변할 변

만 고 불

| 화 |
| 심 |

❷ 어떤 낱말에 대한 설명인지 쓰세요.

1) 본래의 성질이 변함 ➡ ☐☐

2) 목소리가 변하는 시기 ➡ ☐☐☐

3) 격렬하게 바뀜 ➡ ☐☐

❸ 알맞은 낱말을 찾아 문장을 완성하세요.

1) 마음이 변한 것은 ☐☐이라고 해.

2) 쉽게 잘 변하는 성질이나 태도는 ☐☐이라고 해.

3) 모습과 형태가 달라진 것은 ☐☐이야.

4) 시간의 흐름에 따라 변하는 모습은 ☐☐이야.

4 문장에 어울리는 낱말을 골라 ○표 하세요.

1) 예상하지 못한 재앙은 (이변 / 변사)(이)라고 해.

2) 6·25 (사변 / 이변)은 무력을 써서 일어났던 전쟁이야.

3) 개구리는 주변의 온도에 따라 체온이 변하는 (변온 동물 / 변성암)이래.

4) 설악산 경치는 계절마다 바뀌어. (천재지변 / 변화무쌍)하지.

5 다음 대화를 읽고 느껴지는 아이의 성격을 한마디로 표현하면? (   )

> 콩이 : 엄마 나 아이스크림 안 먹을래. 다시 초콜릿 먹을래.
>
> 엄마 : 아깐 아이스크림 먹겠다며? 왜 이렇게 이랬다저랬다 하니?

① 심술쟁이   ② 요술쟁이

③ 변덕쟁이   ④ 고집쟁이

6 사다리를 따라 내려가 알맞은 답을 [보기]에서 골라 빈칸에 써넣으세요.

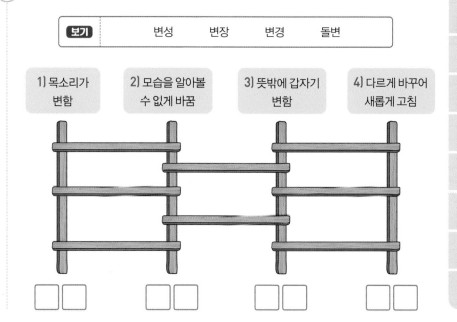

| 보기 | 변성 | 변장 | 변경 | 돌변 |

1) 목소리가 변함
2) 모습을 알아볼 수 없게 바꿈
3) 뜻밖에 갑자기 변함
4) 다르게 바꾸어 새롭게 고침

격변

돌변

변온 동물

변성암

변성 작용

변주곡

임기응변

만고불변

어변성룡

천재지변

사변

변고

이변

변괴

변사

변사체

봉변

6·25 사변

完
완전할 완

반숙은 싫어, 완숙이 좋아!

요즘 '완전 소중하다', '완전 멋지다'란 말 많이 쓰지요?

> 그런데 '완전'이란 말이 무슨 뜻일까요? (   )
>
> ① 모두 갖추다　　② 비싸다　　③ 멋지다

정답은 ①번이에요. 모두 갖추어 부족함이나 흠이 없는 걸 완전(完全)이라고 해요. '완전 소중하다'는 흠잡을 데 없이 소중하다는 뜻이에요. 교과서 완전 정복, 단어 완전 정복은 교과서와 단어에 관한한 흠잡을 데 없을 정도로 공부한다는 거예요.

자, 이제 아래 빈칸을 채워 볼까요?

증거를 전혀 남기지 않아, 자기가 저질렀다는 것을 완전하게 숨길 수 있는 범죄는 □□ 범죄, 아주 완전하여 아무런 결점도 없는 것은 □□무결이에요.

完 완전할 완

완전(完 全완전할 전)
모두 갖추어 부족함이나 흠이 없음

완전 범죄
(完 全 犯저지를 범 罪죄 죄)
증거를 남기지 않아 완전히 숨길 수 있는 범죄

완전무결
(完 全 無없을 무 缺흠 결)
완전하여 결점이 없음

🔔 '완전 소중하다'나 '완전 멋지다'는 틀린 표현이에요. '~하다'나 '~이다' 앞에서는 '완전히'라고 써야 해요. 그러니까 '완전히 소중하다', '완전히 멋지다'가 맞는 표현이지요.

하하! 어휘 실력이 제법 늘었는데요.
이럴 때 완비는 '완전 구비'의 준말이
에요. 완전히 갖추었다는 뜻이지요.
찜질방에서 먹는 계란은 완전식품이
라 친구들의 성장에 도움이 된답니다.
완전히 익힌 계란은 완숙(完熟), 반만
익힌 것은 반숙이라고 해요. 토마토
같은 열매가 완전히 무르익는 것도 완숙이라고 해요.

- **완비**(完 備갖출 비)
  완전히 갖춤
- **완숙**(完 熟익힐 숙)
  완전히 익힘
- **완쾌**(完 快좋아질 쾌)
  병이 완전히 나음
- **완치**(完 治치료할 치)
  병을 완전히 치료함
- **완수**(完 遂이룰 수)
  임무나 책임을 완전히 이루거나 다 해냄
- **완료**(完 了마칠 료)
  완전히 끝마침

병이 나면 병원에 가지요.
병이 완전히 낫는 것은 완쾌,
완쾌와 비슷한 말은 완치(完治)예요.
병을 완치하거나 병이 완쾌되면, 의사는 임무를 ☐☐한 거예요.

🔔 **완전식품**
우유, 계란과 같이 사람 몸에 필요한 영양소를 모두 갖춘 식품을 완전식품이라고 해요.

위의 빈칸에 들어갈 알맞은 말은 무엇일까요? (   )

① 완수   ② 원수   ③ 완투   ④ 완주

그래요, 정답은 ①번 완수(完遂)이지요. 뜻한 바를 완전히 이루거
나 다 해냈다는 뜻이에요. 비슷한 말로는 완전히 끝마쳤다는 완료
(完了)가 있지요.
완수와 완료는 뜻이 비슷한 말이지만 완수는 '책임이나 임무를 성
공적으로 끝냈다'라는 의미가 좀 더 강해요. '책임 완료'보다는 주로
'책임 완수'라고 하잖아요?

完 **완성할 완**

■ **완성**(完 成이룰 성)
완전히 이룸

■ **미완성**(未아닐 미 完成)
완성에 미치지 못함

■ **완제품**
(完 製만들 제 品물건 품)
완성된 제품

■ **완공**(完 工공사 공)
공사를 끝냄

■ **보완**(補보충할 보 完)
모자란 부분을 보태어 완성함

■ **완결**(完 決끝낼 결)
완성하여 끝냄

■ **완간**(完 刊책 펴낼 간)
책 시리즈를 완성하여 끝냄

위 그림의 빈칸에 들어갈 알맞은 말은 무엇일까요? (   )

① 완두   ② 완자   ③ 완성   ④ 왕창

정답은 ③번 완성(完成)이에요. 완전히 이루었다는 거예요.

그럼 완성의 반대말은 뭘까요? (   )

① 불완성   ② 무완성   ③ 비완성   ④ 미완성

정답은 ④번 미완성이지요. 완성에 미치지 못했다는 뜻이에요.

이제 다음 빈칸의 낱말을 완성해 볼까요?

완성된 제품은 ☐제품,

공사를 끝내는 건 ☐공,

모자란 부분을 보태어 완성하는 건

보☐이라고 해요.

낱말에 완(完)이 들어가면 완성하다,

마치다, 끝맺다란 뜻을 가지게 되는 거예요.

완결(完決)은 끝맺다란 뜻이에요. 해리 포터처럼 여러 권의 책을

빠진 것 없이 모두 펴내는 것을 완간(完刊)이라고 하지요.

두 낱말은 어떤 차이가 있을까요?

완간은 오로지 책에만 쓰는 표현이에요. 하지만 완결은 책뿐만 아

니라 드라마나 영화 등이 모두 끝났을 때도 쓰인답니다.

🔔 미완성 교향곡
슈베르트의 교향곡 8번은 2악
장까지만 쓰고 완성을 못했기
때문에 미완성 교향곡이라고
해요.

씨글자 完

전멸이라면 모두 다 없애 버렸다고요? 아니에요! 여유 있는 점수 차로 완전하게 이겼으니 완승(完勝)이라고 해요.

完 완전히 완

■ **완승**(完 勝이길 승)
완전하게 이김
■ **완패**(完 敗질 패)
완전하게 짐
■ **완봉**(完 封막을 봉)
야구에서 한 명의 투수가 혼자서 상대팀에게 한 점도 안 주고 끝까지 던져 이김

그럼 완승의 반대말은 무엇일까요? (　　)

① 완망　　　② 압승　　　③ 완연　　　④ 완패

정답은 ④번, 완패(完敗)예요. 완전하게 졌다는 말이지요.
운동 경기에서 쓰이는 완(完)을 좀 더 살펴볼까요?
마라톤에서 완주를 했다는 것은 끝까지 달렸다는 것을 말해요.
완주(完走)는 목표한 곳까지 끝까지 달리다라는 뜻이에요.
마라톤에서 완주를 하면 증명서를 주지요.
그게 완주증이에요.

完 끝까지 완

■ **완주**(完 走달릴 주)
끝까지 달림
■ **완주증**(完 走 證증명서 증)
완주했다는 증명서
■ **완투**(完 投던질 투)
끝까지 던짐

완투(完投)는 야구에서 한 명의
투수가 혼자서 경기가 끝날 때
까지 던지는 걸 말해요. 투수가
상대 팀에게 한 점도 주지 않고
완투하여 이기면 완봉이라고 해
요. 상대방을 완전히 막아 내고 이겼다는 뜻이에요.

완 전	완 비	완 숙	완 쾌	완 수	미 완 성
완 결	완 제 품	완 주	완 간	완 투	완 봉

D-3 단계 **33**

完
완전할 완

완전

완전 범죄

완전무결

완비

완숙

완쾌

완치

완수

완료

완전식품

완성

미완성

① 공통으로 들어갈 한자를 따라 쓰세요.

| 승 |
| 투 |

전 범 죄

完
완전할 **완**

미 성

| 결 |
| 전 |

② 어떤 낱말에 대한 설명인지 쓰세요.

1) 모두 갖추어 부족함이나 흠이 없음 → ☐☐

2) 완전히 익힘 → ☐☐

3) 임무나 책임을 완전히 이루거나 다 해냄 → ☐☐

4) 모자란 부분을 보태어 완성함 → ☐☐

③ 알맞은 낱말을 찾아 문장을 완성하세요.

1) 도서관에 새 학기 권장 도서가 ☐☐되었어.

2) 나는 계란 노른자를 완전히 익힌 ☐☐이 좋아.

3) 선생님! 병이 빨리 ☐☐되시길 바랍니다.

4) 50미터만 더 달리면 ☐☐하는 거야! 힘내!

4 문장에 어울리는 낱말을 골라 ○표 하세요.

1) 이번 방학에는 영어를 (완주 / 완전)히 정복할 거야.

2) 수술이 잘 되어 병이 (완치 / 완비) 되었습니다.

3) 우리 학교 축구부가 저쪽 팀에 (완공 / 완승)을 거뒀어.

4) 내 임무를 (완간 / 완수)했으니 좀 쉬어야겠어.

5 빈칸에 공통으로 들어갈 낱말을 글자판에서 찾아 쓰세요.

준　서 : 작품이 드디어 □□되었어요.

선생님 : 오랫동안 공들여 만들더니 해냈구나!
　　　　　정말 수고했다!
　　　　　□□된 작품들을 교실에 전시할까?

명	완	미
공	왕	성
통	숙	쾌

□ □

6 화살표를 따라가며 글자를 모아 보세요.　　→ 예　→ 아니오

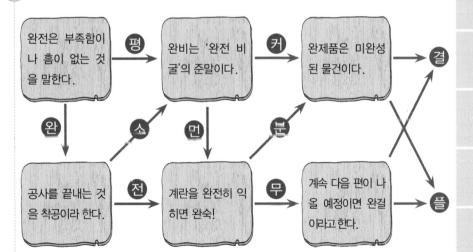

□ □ □ □

완제품
완공
보완
완결
완간
미완성 교향곡
완승
완패
완봉
완주
완주증
완투

成
이룰 성

**천하무적
로봇 완성!**

짜잔~ 음하하.
드디어 로봇을 □□했다.
이제 지구를
지킬 수 있어.

과연 로봇이 지구를 지킬 수 있을까요? 위 그림의 빈칸에 들어
갈 말은 무엇일까요? (　　　)

① 완성　　　② 태권 V　　　③ 건담　　　④ 마징가

네, ① 완성이지요. 완성(完成)은 완전히 다 이루었다는 말이에요.
그러니까 아이가 만든 조립 로봇은 완성작인 셈이지요. 아직 다 이
루지 못한 것은 미완성이에요. '이룰 성(成)'은 이루다를 뜻해요.
뜻한 바를 이룬 것은 성공(成功)이라고 해요. 성공은 크게 이룰수
록 좋겠지요? 뜻한 바를 크게 이루어 성공한 것을 대성(大成)했다
고 해요.

뜻한 바를 이루려면 남에게 찬성(贊成)받을
만한 일을 해야겠지요? 찬성은 어떤 행동
이나 견해, 제안 따위가 옳다고 판단하
여 뜻을 같이하는 것이에요. 찬성의 반
대말은 반대예요. 남의 의견, 행동 등에
맞서 거스르는 것이지요.

고것 참, 대성할
아이로구먼.

하늘 천 따지~
집 우 집 주

成 | 이룰 성

■ **완성**(完완전할 완 成)
완전히 다 이룸

■ **완성작**(完成 作작품 작)
완성된 작품

■ **미완성**(未아닐 미 完成)
미처 다 이루지 못함 / 완성하
지 못함

■ **성공**(成 功공 공)
뜻한 바를 이룸

■ **대성**(大클 대 成)
뜻한 바를 크게 이룸

■ **찬성**(贊도울 찬 成)
행동이나 견해, 제인 따위기 옳
다고 판단하여 뜻을 같이함

콩이네 반 아이들이 '자성'이라는 말을 넣어 짧은 글을 지었어요. 다음 중 <u>어색하게</u> 짧은 글을 지은 친구는 누구일까요?

( )

1분에 햄버거 100개!! 드디어 세계 신기록을 **작성**했습니다.

미현 : 난 오늘 아침에 엄마 대신 아침밥을 작성했어.
준수 : 난 선생님과 함께 모범 답안지를 작성했어.
철민 : 난 학교 신문에 실을 기사를 작성했어.
혜영 : 난 이번 여름 방학의 계획표를 작성했어.

작성(作成)은 서류, 원고, 계획 등을 만들거나 운동 경기에서 기록에 남길 만한 일을 이루어 낸 것을 말해요. 아침밥은 짓는 거지 작성하는 게 아니에요. 그러니 미현이가 쓴 글은 어색하네요.
형성(形成)은 어떤 꼴을 이루게 하는 것이나 어떤 꼴이 이루어지는 것을 말해요. 인격 형성, 산맥 형성처럼 쓰요. 조성(造成)은 힘이나 기술 따위를 들여 무엇을 만들어 이루거나 분위기를 만드는 것이에요. 공원 조성, 분위기 조성과 같이 쓰인답니다. 그럼 생성(生成)은 무엇일까요? 없던 것이 새롭게 이루어지거나 생겨나는 것을 말해요.

- **작성**(作지을 작 成)
  서류·원고·계획 등을 만듦 / 기록에 남을 만한 일을 이룸
- **형성**(形모양 형 成)
  꼴을 이루게 함 / 꼴이 이루어짐
- **조성**(造만들 조 成)
  힘이나 기술을 들여 만들어 냄
- **생성**(生낳을 생 成)
  새롭게 이룸 / 생겨남
- **구성**(構얽을 구 成)
  부분이나 요소들을 모아서 전체를 짜 이룸
- **구성비**(構成 比비율 비)
  전체를 구성하는 각 부분이나 요소의 비율

이럴 수가! 바나나 통째로 든 거 아니었어?

바나나 우유 □□ 성분
원유 90%,
바나나 과즙 5%,
각종 영양소 5%.

빈칸에 들어갈 말은 무엇일까요?( )

① 가짜 ② 구성
③ 구두 ④ 거짓

맞아요, ② 구성이에요. 구성(構成)은 몇 가지 부분이나 요소들을 짜 맞추어 전체를 이루는 것을 말해요. 바나나 우유의 구성 성분에는 원유, 바나나 과즙, 각종 영양소로 구성되어 있지요. 그리고 원유 90%, 바나나 과즙 5%, 각종 영양소 5%와 같이 전체를 구성하고 있는 각 부분이나 요소의 비율은 구성비라고 해요.

그럼 구성 성분에서 성분은 무엇을 뜻할까요? 성분(成分)은 전체를 이루는 부분들을 가리켜요. 원유, 바나나 과즙, 각종 영양소 성분이 한데 모여 바나나 우유를 이루고 있는 거예요. 여기에서도 성(成)은 이루다라는 뜻이에요. 바람직한 결과를 이루는 것은 성과(成果), 뜻한 바를 이루는 것은 달성(達成)이라고 해요.

둘 이상의 것을 합쳐서 새로운 것을 만들어 내는 것은 무엇일까요? (   )

① 힙합　　② 합창
③ 합격　　④ 합성

정답은 ④ 합성(合成)이에요. 여러 가지 화학 물질을 합성해서 만든 세제는 합성 세제, 여러 사진의 일부분을 모아서 새롭게 만든 사진은 합성 사진이에요.

또 합성은 생물이 빛이나 유기물, 무기물을 이용해 구조가 복잡한 물질들을 만들어 내기도 해요. 녹색 식물이 햇빛, 물, 이산화 탄소를 이용하여 녹말을 만들어 내는 과정을 광합성(光合成)이라고 하지요.

기성(旣成)은 이미 만들어 놓은 것이에요. 이미 만들어 놓은 옷은 기성복, 이미 만들어 놓은 제품은 기성품이지요.

成 **이룰 성**

성분(成 分부분 분)
전체를 이루는 부분

성과(成 果결과 과)
바람직한 결과를 이룸

달성(達이룰 달 成)
뜻한 바를 이룸

합성(合합할 합 成)
둘 이상의 것을 합해 새로운 것을 이룸

합성 세제
(合成 洗씻을 세 劑약 제)
화학 물질을 합성해서 만든 세제

합성 사진
(合成 寫베낄 사 眞참 진)
합성해서 만든 사진

광합성(光빛 광 合成)
빛, 물, 이산화 탄소를 이용하여 녹말을 만들어 냄

기성(旣이미 기 成)
이미 이루어짐

기성복(旣成 服옷 복)
이미 만들어 놓은 옷

기성품(旣成 品물건 품)
이미 만들어 놓은 제품

🔔 **이런 말도 있어요**

자수성가(自手成家)는 물려받은 재산 없이 혼자 힘으로 집안을 일으키고 재산을 모은 것을 말해요. 부모의 도움 없이 크게 성공한 사람을 가리킬 때 주로 쓰는 말이지요. 그러니까 자수성가한 사람은 노력형 인간이라고 할 수 있어요.

■ **자수성가**(自스스로 자 手손 수 成 家집 가) : 혼자 힘으로 집안을 일으킴

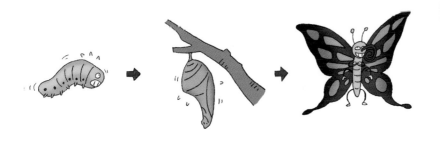

成 다 자랄 성

- **성충**(成 蟲벌레 충)
  다 자란 벌레
- **성인**(成 人사람 인)
  다 자란 사람＝어른
- **성장**(成 長어른 장)
  자람
- **성장기**(成長 期기간 기)
  성장하는 기간
- **성장통**(成長 痛고통 통)
  성장기에 겪는 고통
- **장성**(長어른 장 成)
  자라서 어른이 됨
- **성숙**(成 熟익을 숙)
  몸과 마음이 어른스러워짐
- **성인병**(成人 病질병 병)
  중년 이후에 문제되는 병을 통틀어 이르는 말

애벌레가 번데기를 거쳐 멋진 나비가 되었어요. 다 자란 벌레는 성충(成蟲)이에요. 다 자란 사람은 어른, 성인(成人)이지요. 자라서 어른이 되어 가는 것을 성장(成長)이라고 해요. 성(成)은 '다 자라다'라는 뜻도 있어요.

성장하는 동안, 즉 자라는 시기는 성장기라고 해요. 성장기를 거쳐 다 자란 것은 장성(長成)이에요. 이렇게 장성하여 몸과 마음이 어른스러워지는 것을 성숙(成熟)이라고 해요. 성장기에 겪는 고통은 성장통이에요. 특별한 신체적 이상이 없는데도 무릎이나 허벅지, 팔 등이 아픈 증세예요. 뼈가 급속히 자라면서 근육이 눌려서 아픈 것이지요.

그럼 성인병(成人病)은 성인만 걸리는 병일까요? 음, 비슷해요. 주로 중년 이후에 고생되는 병을 통틀어 성인병이라고 해요. 동맥 경화, 고혈압, 당뇨병, 백내장, 심근 경색증, 뼈의 퇴행성 변화 등이 있어요.

완성　성공　대성　찬성　자성　조성
구성　생성　성분　성과　합성　성인

成
이룰 성

완성

완성작

미완성

성공

대성

찬성

작성

형성

조성

생성

구성

구성비

성분

성과

1 공통으로 들어갈 한자를 따라 쓰세요.

작

형

합 세 제

成
이룰 성

구 비

분

인

2 어떤 낱말에 대한 설명인지 쓰세요.

1) 이미 만들어 놓은 제품 ➡ ☐☐☐

2) 뜻한 바를 크게 이룸 ➡ ☐☐

3) 서류·원고·계획 등을 만듦 ➡ ☐☐

4) 몸과 마음이 어른스러워짐 ➡ ☐☐

3 알맞은 낱말을 찾아 문장을 완성하세요.

1) 열심히 노력한 사람이 ☐☐해.

2) 이 그림이 다 ☐☐되면 너한테 줄게.

3) 우리 마을에 새 공원을 ☐☐한대.

4) 반대한 사람보나 ☐☐한 사람이 더 많아요.

4 문장에 어울리는 낱말을 골라 ○표 하세요.

1) 내일까지 '나의 장래 희망'이란 주제로 글을 (작성 / 변성)해 오세요.

2) 자라면서 겪는 고통은 (성충 / 성장통)이에요.

3) 다 자라서 어른이 된 것을 (합성 / 장성)이라고 해요.

5 아래의 밑줄 친 내용을 통해 본 놀부는 어떤 사람인지 빈칸에 들어갈 알맞은 말을 고르세요. (   )

> 흥부 : 형님이 성격은 고약하지만, 혼자 힘으로 우리 집안을 일으켰어.
> 흥부 아내 : 고생해서 그만한 재산을 모았으니…, 하지만 심술궂지요.
> *놀부는 □□□□한 사람입니다.

① 자아도취   ② 자기만족   ③ 자수성가   ④ 자나깨나

6 사다리를 따라 내려가세요. [보기]에서 알맞은 낱말을 골라 빈칸에 써넣으세요.

| 보기 | 성과 | 대성 | 성충 | 성분 |

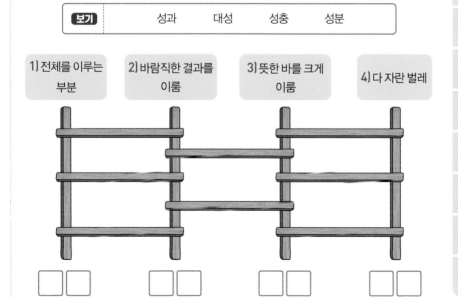

1) 전체를 이루는 부분

2) 바람직한 결과를 이룸

3) 뜻한 바를 크게 이룸

4) 다 자란 벌레

달성
합성
합성 세제
합성 사진
광합성
기성
기성복
기성품
자수성가
성충
성인
성장
성장기
성장통
장성
성숙
성인병

사람들의 평균 수명이 점점 길어지고 있대요. 여기서 평균은 '평평할 평(平)'과 '고를 균(均)' 자가 합해진 말로 여러 수를 합해서 그 개수로 나눈 값을 말해요.

그러니까 평균 수명은 어떤 사람들이 살 수 있는 수명을 모두 더해서 그 사람들 수로 나눈 거예요. 이 값으로 지금 사람들이 앞으로 몇 살까지 살 수 있는지를 알 수 있겠지요?

평평하다는 뜻이 담긴 평(平)

특별한 일이 없는 보통 때를 평상시, 줄여서 평상이라고도 해요. 평상과 같은 뜻을 지닌 평소라는 말도 자주 써요. 평범한 때에 입는 옷은 평상복이라고 해요.

사람은 평생 아무 걱정 없이 평안하게 살면 좋겠다는 바람을 가지곤 하지요. 평생은 사람이 살아가는 일생을, 평안은 마음에 걱정이 없다는 뜻이에요.

'평평할 평(平)'이 들어가는 낱말을 알아볼까요?

높은 벼슬이 없는 보통 사람을 가리키는 ☐민, 권리나 의무가 모든 사람한테 차별 없이 고르고 한결같을 때는 ☐등이라고 해요.

平	均
평평할 평	고를 균
여러 수를 합해서 그 개수로 나눈 중간 값	

■ **평상시**(平 常항상 상 時때 시)
특별한 일이 없는 보통 때
= 평상 = 평소

■ **평상복**(平 常 服옷 복)
평상시에 입는 옷

■ **평생**(平 生날 생)
사람이 태어나서 죽을 때까지
의동안 = 일생

■ **평안**(平 安편안할 안)
마음에 아무 걱정이 없음

■ **평민**(平 民백성 민)
벼슬이 없는 보통 사람. 서민

■ **평등**(平 等같을 등)
차별 없이 고르고 한결같음

부세를 재는 저울의 저울대가 어느 한쪽으로 기울지 않는 상태를
□형을 이루었다고 하고, 어느 쪽으로 기울지 않고 평평한 상태는
수□을 이루었다고도 해요.
헤엄칠 때 몸이 물과 수평을 이루도록 두 발과 양팔을 오므렸다가
펴는 수영법은 □영,
넓고 평평한 들판은 □원이라고 해요.

고르다는 뜻이 담긴 균(均)

균형은 어느 한쪽으로 치우치지
않고 고르다는 뜻이에요.
건강하게 오래 살려면
영양소가 고루고루 들어
있는 균형 잡힌 식단이 중요
하지요.
한결같이 고르고 차이가 없는
것을 균일이라고 해요.
옷가게에 "여름 옷 균일 가격 만 원!"이라는 광고가 붙여 있다면, 어
떤 옷이든지 만 원에 판다는 말이지요.
또 "어느 누구든지 균등하게 균질의 교육을 받을 권리가 있습니다."
라고 한다면 신분이 높거나 낮거나, 돈이 많거나 적거나, 차별 없이
누구나 고르게 교육을 받아야 한다는 말이에요.
균등은 차이나 차별 없이 고르게 같은 것을, 균질은 어떤 것을 이루
는 바탕이 같은 것을 뜻해요.

평형(平 衡저울 형)
한쪽으로 기울지 않음

수평(水물 수 平)
기울지 않고 평평한 상태

평영(平 泳헤엄칠 영)
몸이 물과 수평을 이루며, 두
발과 양팔을 오므렸다가 펴는
수영법

평원(平 原근원 원)
넓고 평평한 들판

균형(均 衡)
어느 한쪽으로 치우치지 않고
고른 상태

균일(均 一한 일)
한결같이 고르고 차이가 없음

균등(均 等같을 등)
차이나 차별 없이 고르게 같음

균질(均 質바탕 질)
어떤 것을 이루는 바탕이 고르
게 같음

학생도 휴대 전화를 쓰는 것이 일반적?

예전과 달리 요즘엔 학생 대부분이 휴대 전화를 가지고 다니고 있어요. '전체에 두루 해당됨'을 뜻하는 일반에 적(的)을 붙이면 일부에 한정되지 않고 전체에 걸쳐 그런 상태란 뜻이에요.

이처럼 두 글자로 이루어진 한자어에 그 성격을 띠는, 그 상태로 된의 뜻인 '-적'을 붙인 낱말들을 알아볼까요?

성격을 띠는 적(的)

어떤 사람이 어떤 일에 대해서 두루뭉술하게 이야기하면 "좀 구체적으로 이야기해 봐."라고 말해요.

일정한 모습을 갖추고 있는 사물을 눈에 보이듯이 세밀한 부분까지 담고 있는 것을 구체적이라고 하지요.

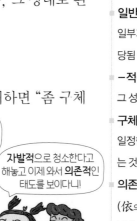

무엇에 기대어 남에게 의지하는 것은 의존적,

남이 시키지 않아도 스스로 나서는 것은 자발적이에요.

一 한 일	般 일반 반	的 과녁 적

일부에 한정되지 않고 전체에 걸쳐 있는 그런 상태

■ **일반**(一한 일 般)
일부가 아니고 전체에 두루 해당됨

■ **-적**(的 ~의 적)
그 성격을 띠는, 그 상태로 된

■ **구체적**(具갖출 구 體몸 체 的)
일정한 형태와 성질을 갖고 있는 것

■ **의존적**
(依의지할 의 存있을 존 的)
남에게 의지하는 것

■ **자발적**
(自스스로 자 發드러낼 발 的)
스스로 나서서 하는 것

무엇이든 할 수 있는 한 가급적 남에게 의지하지 않는 것이 좋아요.
남에게 기대지 않고 혼자서 하는 것은 독자적,
남을 밀어내거나 멀리하는 것은 배타적이라고 해요.
'-적'을 붙여 자주 쓰는 낱말을 더 알아볼게요.

초등학교 무료 급식을 공식적으로 발표했다. → 공식+적
　　나라나 기관에서 인정한 공적인 방식을 말하는 것

사람이 인위적으로 만든 호수는 인공 호수 → 인위+적
사람의 힘으로 이루어지는 것

전면적으로 잘못된 일을 고쳐 나가야 해 → 전면+적
모든 면에 두루 걸친 것

우리 아빠는 자동차를 전문적으로 수리하셔 → 전문+적
　　　　오로지 한 가지 일을 하는 것

우리 반 국어 실력이 전반적으로 향상되었대 → 전반+적
　　　어떤 일이나 분야 전체에 걸친 것

수희는 전형적인 미인이야 → 전형+적
어떤 부류의 특징을 가장 잘 나타내는 것

분위기나 시대를 나타내는 적(的)

사람들이 모여 있는 곳의 움직임이 활발하고 시끌시끌하면 분위기
가 동적이라고 해요. 반대로 움직임이 정지된 것처럼 조용하면 정
적인 분위기라고 하시요.
또 어떤 일에서 새 시대가 열릴 만큼 뚜렷한 일이 나타났을 때 획기적
이라고 해요. 예를 들어 오염된 환경이 이전과 다르게 많이 좋아졌
다면 환경이 획기적으로 개선되었다고 해요.

가급적(可옳을 가 及미칠 급 的)
할 수 있는 대로

독자적(獨홀로 독 自的)
자기 혼자서 하는 것

배타적(排밀칠 배 他다른 타 的)
남을 배척하는 성향이 있는 것

공식적(公공평할 공 式법식 的)
나라나 기관에서 마땅하다고
인정한 것

인위적(人사람 인 爲할 위 的)
사람의 힘으로 이루어지는 것

전면적(全온전할 전 面낯 면 的)
모든 면에 걸친 것

전문적(專오로지 전 門문 문 的)
오로지 한 가지 일을 하는 것

전반적(全般的)
어떤 일이나 분야 전체에 걸친 것

전형적(典법 전 型모형 형 的)
어떤 부류의 특징을 가장 잘 나
타내는 것

동적(動움직일 동 的)
움직임이 활발한 것

정적(靜고요할 정 的)
움직임이 정지된 것처럼 조용
한 것

획기적(劃그을 획 期기약할 기 的)
어떤 일에서 새 시대가 열릴 만
큼 뚜렷한 것

1 공통으로 들어갈 낱말을 쓰세요.

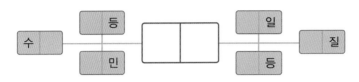

평균
평상시
평상
평소
평상복
평생
평안
평민
평등
평형
수평
평영
평원
균형
균일
균등
균질

2 주어진 낱말을 넣어 문장을 완성하세요.

1) 평생안 난 □□ 동안 □□ 하게 살면 좋겠어.

2) 평민등 높은 벼슬이 없는 □□ 들도 차별 없이 □□ 하게 권리를 누려야 한다.

3) 균일질 여름 옷을 □□ 가격에 할인하는 곳에서 샀는데, 옷감도 모두 □□ 하다고 그러네.

3 문장에 어울리는 낱말을 골라 ○표 하세요.

1) 사람들의 (평균 / 평상) 수명이 길어져서 노후 생활 대책이 필요하대.

2) 오늘은 수영장에서 몸이 물과 수평을 이루는 (평영 / 평형)을 배웠어.

3) 부자나 가난한 사람이나 (균형 / 균등)하게 교육을 받을 권리가 있어.

4 밑줄 그은 낱말에서 '평'의 뜻이 다른 것을 고르세요. (   )

① 이모는 내 생일뿐만이 아니라 평소에도 늘 잘해 주셔.

② 차 없는 평원에서 맘껏 달리고 싶다.

③ 심사 위원들에게 좋은 평가를 받아야지.

④ 저울이 평형을 이루었네.

⑤ 보통 때 입는 평상복도 깔끔하게 입는 게 보기 좋아.

1 [보기]와 같이 '그 성격을 띠는'의 뜻이 되도록 만드는 공통된 낱말을 쓰세요.

1)

2)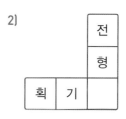

2 주어진 낱말을 넣어 문장을 완성하세요.

1)
의	존
존	
적	

평생 부모에게 ☐☐ 하면 안 된다.

평생 부모에게 ☐☐☐ 인 사람이 되면 안 된다.

2)
전	문
문	
적	

우리 아빠는 자동차를 ☐☐ 으로 수리하셔.

우리 아빠는 자동차를 ☐☐☐ 으로 수리하는 분이셔.

3 문장에 어울리는 낱말을 골라 ○표 하세요.

1) 잘 알아들을 수 있게 (구체적 / 자발적)으로 이야기해 봐.

2) 우리 반 수학 실력이 (전면적 / 전반적)으로 향상되었대.

4 밑줄 그은 낱말에서 '적'의 쓰임이 <u>다른</u> 것을 고르세요. ( )

① 저 호수는 사람들이 <u>인위적</u>으로 만든 거래.

② 학생은 <u>가급적</u> 스스로 공부하는 습관을 늘여야 해.

③ 세종 대왕은 조선의 문화를 <u>획기적</u>으로 발전시켰대.

④ 깜깜한 고개를 넘다가 <u>산적</u>을 만났지 뭐야!

⑤ 잘못된 일은 <u>전면적</u>으로 고쳐야 해.

일반적
일반
구체적
의존적
자발적
가급적
독자적
배타적
공식적
인위적
전면적
전문적
전반적
선형적
동지
정적
획기적

꾸미지 말고 있는 그대로 서술하시오

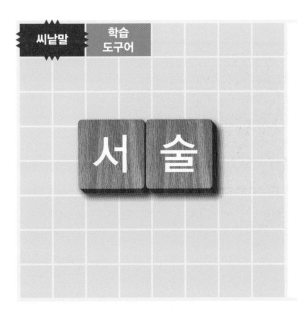

끙! **진술서** 쓰기 어렵네.

있는 그대로 **서술**하면 된다고요!

꾸미지 말고~

이야기나 글쓰기를 막힘 없이 술술 잘하는 사람이 가끔씩 부러울 때가 있어요. '술술'은 우리말이지만, '펴다, 짓다'는 뜻의 한자어 술(述)도 있답니다. 이 '술' 자가 붙으면 대개 무엇을 말하거나 글을 쓰는 것과 관련된 낱말이 돼요. '펼 서(敍)'와 같이 쓰인 서술은 사실이나 생각을 말하거나 쓰는 것을 말해요.

생각이나 사실을 펴는 술(述)

사실이나 생각을 말하거나 발표할 때 횡설수설 말하면 "좀 논리 있게 이야기해 봐."라고들 하지요. 자기의 생각이나 의견을 이치에 맞게 논리적으로 서술하는 것을 논술이라고 해요.

기술은 있는 그대로 열거하거나 기록하여 서술하는 것을 말해요. 예를 들어 역사책은 후손에게 전할 만한 중요한 사건과 사실을 기술한 책이지요.

입으로 말하는 것은 구□, 글이나 책을 쓰는 것은 저□,

어떤 일을 자세하게 말하는 것은 진□, 무엇을 자세하게 설명하여 말하는 것은 상술이에요.

국어에서 문장의 구조에 대해 공부할 때 서술어가 나와요. 줄여서

敍 述
펼 서   펼 술

사실이나 생각을 말하거나 쓰는 것

■ **논술**(論말할 논 述)
논리적으로 서술함

■ **기술**(記기록할 기 述)
있는 그대로 나열하거나 기록하여 서술함

■ **구술**(口입 구 述)
입으로 말함

■ **저술**(著분명할 저 述)
글을 지어 책을 만듦. 또는 그 책

■ **진술**(陳늘어놓을 진 述)
자세하게 서술함

■ **상술**(詳자세할 상 述)
자세하게 설명하여 말함

■ **서술어**(敍述 語말씀 어)
문장에서 '어떠하다', '어떻게 하다'를 나타내는 말

술어라고도 해요. 문장에서 '어떠하다', '어떻게 하다' 등의 동작이
나 상태를 나타내지요.
그럼 '하늘이 호수처럼 파랗다.'에서 서술어는 무엇일까요?
주어인 '하늘'의 색깔을 나타내는 '파랗다'가 서술어라고 생각한 사
람, 빙고!

사실이나 감정을 펴는 서(敍)

사실과 사건을 있는 그대로 적은 일을 서사(敍事)라고 해요.
그럼 서사에 시(詩)를 덧붙인 서사시는 뭘까요? 신화, 전설, 영웅
등의 이야기를 사실처럼 묘사하여 쓴 시예요.
옛날 우리나라 고구려를 세운 동명왕의 이야기를 노래한 〈동명왕편〉
이 서사시예요.

반면에 서정(敍情)은
감정이나 정서를 그려
내는 것을 뜻해요. 서
정(敍情)은 서정(抒
情)으로 '펼 서(敍)'를
'풀 서(抒)'로 써도 같
은 말이랍니다.

나의 자서전이라네.

휘이잉~

나는 하늘에서 내려온 신선과 바다의 신 사이에서 태어났다. 나는 태어나자 마자 말을 하고 걸었으며

뽕도사님 그게 자서전입니까? 서사시입니까? 전설입니까?

서정시는 개인의 감정이나 정서를 담아서 쓰는 시를 말해요.
어떤 사람의 일생을 적은 기록을 전기, 자기가 스스로에 대해 쓴 전
기를 자서전이라고 하지요. 자서전이 정말 있는 그대로 썼는지는
글을 쓴 본인만 알 수 있겠지요?

술어(述語)
서술어의 줄임말

서사(敍 事일 사)
사건을 있는 그대로 적음

서사시(敍事 詩시 시)
신화, 전설, 영웅 등의 이야기
를 사실처럼 묘사하여 쓴 시

서정(敍펼 서 情마음 정)
감정이나 정서를 그려내는 것
= 서정(抒풀 서 情)

서정시(敍情詩)
개인의 감정이나 정서를 느낌
을 담아서 쓰는 시

전기(傳전할 전 記기록할 기)
어떤 사람의 일생을 적은 기록

자서전(自스스로 자 敍傳)
자기가 스스로에 대해 쓴 전기

서	술		기		저		상		서	사	시		서	정	시
	어		논	술	구	술	진	술		사				정	

천지를 창조했으니 이제 사람을 만들어 볼까?

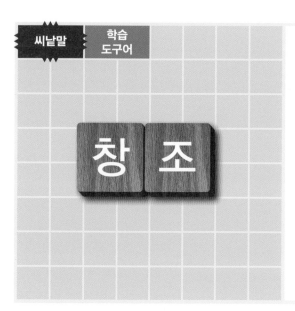

천지를 **창조**했으니, 이제 뭘 더 탄생시킬까?

작품명: 창조

기독교의 구약성경 〈창세기〉에는 일반적으로 잘 알려진 유명한 이야기들이 많아요. 하느님의 천지 창조, 인류 최초의 남자와 여자인 아담과 하와의 탄생, 노아와 홍수 등이지요. 창조는 '비롯할, 만들 창(創)'과 '지을 조(造)'가 만나 전에 없던 것을 처음으로 만드는 것을 말해요.

처음으로 만드는 창(創)

오늘날에는 전에 없던 새로운 것을 만들어 내는 사람들이 많아요. 그런데 만든 모든 것에 창조했다는 말을 쓰지는 않아요. 무엇을 새롭게 만들었는가에 따라서 '창' 뒤에 다른 한자가 붙어요.

빈칸을 채우며 알아볼까요?

새로운 물건이나 예술 작품 등을 처음으로 만드는 것은 ☐작,

신문, 잡지 같은 책을 세상에 처음 펴내는 것은 ☐간,

학교나 회사 등을 처음으로 만들어 세우는 것은 ☐립이라고 해요.

나라를 처음으로 세우거나 사업을 처음으로 시작하는 것은 ☐업,

기관이나 단체 따위를 처음으로 세우는 것은 ☐설,

전에 없던 것을 처음으로 생각하여 만들어 내는 것은 ☐출이에요.

創 비롯할 창 | 造 지을 조

전에 없던 것을 처음으로 만듦

■ **창작**(創 作지을 작)
새로운 물건이나 예술 작품 등을 처음으로 만듦

■ **창간**(創 刊책 펴낼 간)
신문, 잡지 같은 책을 세상에 처음 펴냄

■ **창립**(創 立설 립)
학교, 회사 등을 처음으로 만들어 세움

■ **창업**(創 業업 업)
나라를 처음으로 세우거나 사업을 처음으로 시작함

■ **창설**(創 設세울 설)
기관, 단체 등을 처음으로 세움

■ **창출**(創 出날 출)
전에 없던 것을 처음으로 생각하여 지어냄

여러분이 잘 아는 세종 대왕은 무엇을 하셨을까요?

한글 창제? 닝동! 한글은 이전에 없던 새로운 글자로 창의적이고 독창적인 글자예요.

창의는 새로운 것을 생각해 내는 것이에요. 누군가 했던 것을 따라 하지 않고 혼자의 힘으로 어떤 것을 처음으로 만들어 내는 사람들이 있죠. 이렇게 창조하는 능력이 남보다 뛰어난 것을 독창적이라고 해요.

짓거나 만드는 조(造)

공원이나 공장 지대처럼 힘이 나 기술을 들여 만들어 내는 것은 조성이라고 해요. 동상처럼 어떤 형태나 형상을 만드는 건 조형이라고 하지요.

제조는 공장 같은 곳에서 기술과 힘을 들여 물건을 만드는 것이에요.

세상의 모든 것을 창조하고 변화하는 자연의 이치를 조화라고 하는데 세상의 모든 사람과 자연은 서로 조화를 이루며 산다고 해요.

뜻이 별로 좋지 않은 낱말도 있어요.

조작은 무엇을 가짜로 꾸며서 만드는 걸 말해요. 예를 들면 성적을 가짜로 꾸미거나 어떤 사건을 가짜로 만들어 내는 경우를 말해요.

새롭게 만들어 내는 것은 좋지만 이왕이면 세상 사람들에게 도움을 주는 것을 만들어 낸다면 더할 나위가 없겠죠?

- **창제**(創 만들 創 製 만들 제)
  전에 없던 것을 처음으로 만들거나 징함

- **창의**(創 만들 創 意 뜻 의)
  새로운 것을 생각해 냄

- **독창적**
  (獨 홀로 독 創 만들 創 的 ~의 적)
  창조하는 능력이 남보다 뛰어난 것

- **조성**(造 만들 조 成 이룰 성)
  힘이나 기술을 들여 만들어 냄

- **조형**(造 形 모양 형)
  어떤 형태나 형상을 만듦

- **제조**(製 지을 제 造)
  재료에 기술과 힘을 들여 물건을 만듦

- **조화**(造 化 될 화)
  세상의 모든 것이 창조하고 변화하는 이치

- **조작**(造 꾸밀 조 作)
  가짜로 꾸며서 만듦

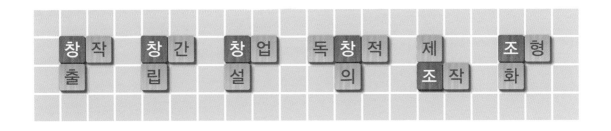

씨낱말
블록 맞추기

서 술

1 공통으로 들어갈 낱말을 쓰세요.

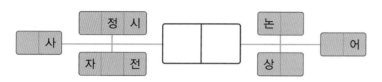

| 사 | 정 시 | | | 논 | | 어 |
| | 자 전 | | | 상 | | |

서술

논술

기술

구술

저술

진술

상술

서술어

술어

서사

서사시

서정

서정시

전기

자서전

2 주어진 낱말을 넣어 문장을 완성하세요.

1) 저 / 구 술
　입으로 말하는 것은 ☐☐,
　글이나 책을 쓰는 것은 ☐☐이에요.

2) 자 서 전 / 사
　사건을 있는 그대로 적는 건 ☐☐이고, 자기가 스스로 일생을 그대로 쓴 전기는 ☐☐☐이에요.

3) 서 정 시 / 사 / 시
　개인의 감정이나 정서를 담아서 쓰는 시는 ☐☐☐, 신화, 전설, 영웅 등의 이야기를 사실처럼 묘사하여 쓴 시는 ☐☐☐라고 해요.

3 문장에 어울리는 낱말을 골라 ○표 하세요.

1) 대학 입학 시험에서 자신의 생각을 논리적으로 쓰는 (논술 / 상술)이 중요하대.

2) 역사책은 후손에게 전할 만한 중요한 사건과 사실을 (구술 / 기술)한 책이에요.

3) 우리 엄마는 요즘 글이나 책을 활발하게 (저술 / 진술)하고 있어.

4) 고구려를 세운 동명왕의 이야기를 노래한 〈동명왕편〉은 유명한 (서정시 / 서사시)예요.

① 공통으로 들어갈 낱말을 쓰세요.

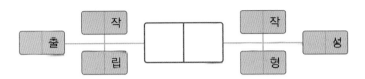

출 — 작 / 립 — □□ — 작 / 형 — 성

창조

창삭

창간

창립

창업

창설

창출

창제

창의

독창적

조성

조형

제조

조화

조작

② 주어진 낱말을 넣어 문장을 완성하세요.

1) 창 립 / 업
학교나 회사 등을 처음으로 만들어 세우는 것은 □□ , 나라를 처음으로 세우거나 사업을 처음으로 시작하는 것은 □□ 이라고 해요.

2) 창 의 / 제
새로운 것을 생각해 내는 것은 □□ , 전에 없던 것을 처음으로 만들거나 정하는 것은 □□ 라고 해요.

3) 제 / 조 작
재료에 기술과 힘을 들여 물건을 만드는 건 □□ , 가짜로 꾸며서 만드는 건 □□ 이라고 해요.

③ 문장에 어울리는 낱말을 골라 ○표 하세요.

1) 소설가가 한 편의 작품을 쓸 때도 많은 (창작 / 창의)의 고통이 따른대.

2) 방정환 선생님이 처음으로 어린이 잡지를 (창설 / 창간)하셨어.

3) 내일은 우리 회사 (창립 / 창제) 기념일이기도 늘어.

4) 한글은 세계 어느 나라에서도 찾아볼 수 없는 우리나라만의 (독창적 / 조형적)인 글자야.

5) 우리 마을에 호수가 있는 대규모 공원을 (조작 / 조성)한대.

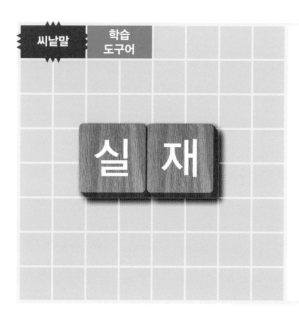

신의 실재를 믿으시나요?

저 무덤에 귀신이 산대…

귀신이 나타나면 어쩌지?

야, 귀신은 **실재**하지 않는다고. 괜히 무서워하지 마!

여러분은 귀신이 실재한다고 믿고 있나요? 귀신은 눈에 보이지 않아서 실재하는지 아닌지 알 수 없어요. 하지만 만약 눈에 보이는 귀신이 있다면 우리는 귀신이 실재한다고 말할 수 있지요. 실재는 '실재 실(實)'과 '있을 재(在)'가 만나 실제로 있다는 뜻을 가져요. 실제로 있는 것들을 표현하는 낱말들을 알아보아요!

실제로 말하고, 행동하는 실재 실(實)

"거울아, 거울아! 이 세상에서 누가 제일 예쁘니?"

"그야 왕비님이죠."

거울은 왕비의 마음을 기쁘게 해 주기 위해 백설 공주가 더 예쁘다는 사실을 숨기고 다르게 말했어요. 사실은 실제로 일어났던 일이나 현재에 그대로 있는 일이에요.

왕비는 사실상 아름답지 않았어요. 사실상이란 실제로 있었거나 현재에 있는 상태를 말해요. 그러다 어느 날 거울은 "백설 공주가 제일 예쁩니다."라고 말했어요. 왕비는 거울의 대답을 듣고 무서운 실체를 드러냈지요. 실체는 실제의 모습이랍니다.

實 실재 실	在 있을 재
실제로 존재함	

■ **사실**(事일 사 實)
실제로 있었던 일이나 현재에 있는 일

■ **사실상**(事實 上윗 상)
실제로 있었거나 현재에 있는 상태

■ **실체**(實 體몸 체)
실제의 모습

■ **실행**(實 行행할 행)
실제로 행함

빈칸을 채우며 알아볼까요?

결심한 일이 있다면 꼭 실제로 행하는 ☐행이 있고,

생각한 것을 실제로 행한다는 ☐천이 있지요.

어떤 문제가 생겼다면 있는 그대로의 상태를 파악하는 것을 ☐태,

과학 시간에 관찰하고 실제로 측정해 보는 것은 ☐험,

어떤 것을 실제로 시행하는 것은 ☐시예요.

무엇이든 있을 때는 있을 재(在)

이번에는 있다는 뜻을 가진 재(在) 자가 들어간 낱말들이에요.

옛날에는 공룡이 있었지만 지금은 존재하지 않지요. 사람이나 사물이 실제로 현실에 있는 것을 존재라고 해요.

겉으로 드러나지 않고 속에 숨어 있거나 잠겨 있는 것은 잠재예요.

예전에 경기를 하다가 다쳤던 운동 선수가 오랜만에 경기에 나와서 거정했는데 우승했지 뭐예요? 이럴 때는

건재하다고 해요. 건재는 힘이나 능

력이 줄지 않고 여전히 그

대로 있다는 뜻이에요.

남아 있는 것은 잔재,

이기서기 흩어져 있는 것은

산재, 창고에 쌓여 있는 물건은 재고라고 해요.

학교에 다니는 중이라는 뜻의 재학도 있어요. 여러분은 지금 초등학교에 재학 중이지요? 재학생은 학교에 다니는 중인 학생이라는 뜻이랍니다.

> 부상으로 링을 떠났다가 5년 만에 돌아온 전 챔피언이 아직 **건재**한 모습을 보여 주는군요!

■ **실천**(實 踐밟을 천)
생각한 깃을 실제로 행함

■ **실태**(實 態모습 태)
있는 그대로의 상태

■ **실험**(實 驗시험 험)
실제로 해 보는 깃

■ **실시**(實 施베풀 시)
실제로 시행하는 것

■ **존재**(存있을 존 在)
사람이나 사물이 실제로 현실에 있음

■ **잠재**(潛잠길 잠 在)
겉으로 드러나지 않고 속에 숨어 있거나 잠겨 있음

■ **건재**(健굳셀 건 在)
힘이나 능력이 줄지 않고 여전히 그대로 있음

■ **잔재**(殘남을 잔 在)
남아 있음

■ **산재**(散흩을 산 在)
여기저기 흩어져 있음

■ **재고**(在 庫창고 고)
창고에 쌓여 있거나 창고에 쌓여 있는 물건

■ **재학**(在 學배울 학)
학교에 다니는 중

■ **재학생**(在 學生날 생)
학교에 다니는 중인 학생

사	실	상		실	행		실	험			잠		잔		재	고
	체				천			시			건	재	산	재	학	

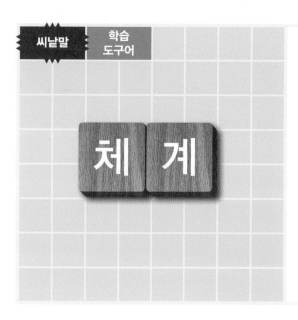

교통 신호 체계를 잘 지켜요

횡단보도에서 적색등일 때 길을 건너면 아주 위험해요. 도로에서는 교통 신호 체계를 잘 지켜야 해요. 체계란 일정한 원리에 따라 각 부분들을 짜임새 있게 통일한 전체를 말해요. 명령 체계, 신호 체계 등의 표현으로 쓰여요.

체, 계와 관련 있는 낱말들을 살펴볼까요?

다양하게 쓰이는 체(體)가 들어간 말, 말, 말!

이번에 나온 새 작품은 어떤 구성과 체재로 이루어져 있는지 알아볼까요? 여기에서 체재는 생기거나 이루어진 틀을 말해요. 형식, 체제란 말과 같은 뜻이에요.

어떤 단체나 물건의 주가 되어 이끌어 나가는 부분을 주체라고 해요. 경제 주체, 역사 주체 등의 표현으로 써요.

빈칸을 채우며 더 알아봐요.

같은 목적을 가진 사람들의 모임이나 여러 사람이 모여서 이루어진 집단은 단▢,

사물이나 현상 모두에 관계된 것을 말하는 것은 전▢적이라고 해요.

사물이나 상황을 여러 가지 면으로 살펴볼 때에는 입▢적,

體 몸 체	系 맬 계

일정한 원리에 따라 각 부분들을 통일한 전체

■ **체재**(體 裁마를 재)
생기거나 이루어진 틀
= 체제(體 制지을 제)

■ **주체**(主주인 주 體)
어떤 단체나 물건의 주가 되는 부분

■ **단체**(團모일 단 體)
같은 목적을 가진 사람들의 모임

■ **전체적**(全온전할 전 體 的과녁 적)
사물, 현상 모두에 관계된 것

■ **입체적**(효설 립 體 的)
사물이나 상황을 여러 가지 면에서 종합적으로 파악하는 것

파악한 내용을 실제적이고 세밀하게 말할 때에는 구□적이라고 해요. 본래 스스로 가지고 있는 것은 시체적이라고 하시요. 이렇게 짜임과 구조를 가지고 체계적으로 말하고 행동하면 문제 완전 해결!

하나로 묶는 '계'와 관련된 말, 말, 말!

"오늘 핑크 계통으로 옷을 입고 왔어." 말을 하곤 하지요. 일정한 체계에 따라 서로 관련 있는 부분들이 이어져 있거나 같은 종류는 계통이라고 해요. 합친다는 뜻의 통(統)도 계와 비슷한 뜻이 있어요.

> 오늘은 핑크 **계통**으로 옷을 입었지~!

> 사방 사방

> 분홍 꽃돼지네. 헤헤헤.

체계를 세우고 같은 종류의 계통 속에서 눌 이상의 것들을 하나로 모으면 통합, 각각 다르게 보이던 것들이 하나를 이룬 상태나 성질은 통일성이에요.

이번에는 매다는 뜻의 계(系) 자가 들어가는 낱말들을 살펴볼게요. 지구에 살고 있는 우리는 태양계에 살고 있는 거예요. 지구는 대양계에 속해 있거든요. 태양과 태양을 중심으로 돌고 있는 행성과 별들을 한데 묶어 부르는 태양계의 '계'는 계통을 뜻해요.

과학 시간에 배우는 생태계는 생물이 태어나서 살아가는 모습이나 상태 등의 체계를 말해요. 생태계의 '계'는 체계를 뜻한다는 것을 알 수 있겠지요?

- **구체적**(具갖출 구 體的) 실세석이고 세밀한 것
- **자체적**(自스스로 자 體的) 다른 것을 뺀 본래의 것
- **계통**(系 統기느릴 통) 일징한 체계에 따라 서로 관련 있는 부분이나 종류
- **통합**(統 合합할 합) 둘 이상의 것들을 하나로 합침
- **통일성**(統 一한 일 性성품 성) 각각 다르게 보이던 것들이 하나처럼 보이는 것을 이룬 상태나 성질
- **태양계**(太클 대 陽볕 양 系) 태양과 태양을 중심으로 돌고 있는 행성과 별들을 한데 묶어 부르는 말
- **생태계**(生날 생 態모습 태 系) 생물이 태어나서 살아가는 모양이나 상태 등의 복잡한 체계

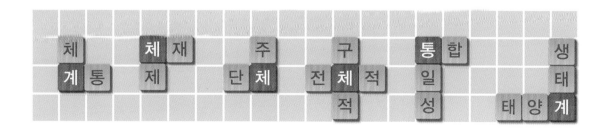

체
계통 체재 주 구 통합 생
계 제제 단체 전체적 일 태
적 성 태양계

1 공통으로 들어갈 낱말을 쓰세요.

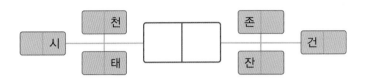

```
     ┌ 천 ┐        ┌ 존 ┐
시 ─┤    ├─ ☐☐ ─┤    ├─ 건
     └ 태 ┘        └ 잔 ┘
```

실재

사실

사실상

실체

실행

실천

실태

실험

실시

존재

잠재

건재

잔재

산재

재고

재학

재학생

2 알맞은 낱말을 찾아 문장을 완성하세요.

1) | 실 | 체 |
   | 행 | |

   실제의 모습은 ☐☐,

   실제로 행하는 것은 ☐☐이다.

2) | 실 | 태 |
   | 험 | |

   있는 그대로의 상태는 ☐☐,

   실제로 해 보는 것, 과학 시간에 관찰하고 측정하는 것은

   ☐☐이다.

3) | | 산 |
   | 잠 | 재 |

   겉으로 드러나지 않고 속에 숨어 있거나 잠겨 있는 것은

   ☐☐, 여기저기 흩어져 있는 것은 ☐☐이다.

4) | 재 | 고 |
   | 학 | |

   창고에 쌓여 있는 물건은 ☐☐, 학교에 다니는 중이

   라는 뜻의 말은 ☐☐이다.

3 문장에 어울리는 낱말을 골라 ○표 하세요.

1) 이번 사건을 겪은 후 아빠와 엄마 중에 (사실상 / 실재상)의 권력을 잡은

   사람은 엄마다.

2) 백 마디 말보다 한 번의 (실험 / 실천)이 중요해요.

3) 당신의 (잠재 / 잔재) 능력을 보여 주세요.

씨낱말 블록 맞추기 체 계

1 공통으로 들어갈 낱말을 쓰세요.

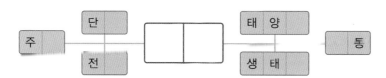

주 ─ 단 / 전 ─ [ ][ ] ─ 태양 / 생태 ─ 통

| 체계 |
| 체재 |
| 체제 |
| 주체 |
| 단체 |
| 전제석 |
| 입체적 |
| 구체적 |
| 자체적 |
| 계통 |
| 통합 |
| 동일성 |
| 태양계 |
| 생태계 |

2 알맞은 낱말을 찾아 문장을 완성하세요.

1) 체 계 / 통

일정한 원리에 따라 각 부분들을 통일한 전체는 [ ][ ], 일정한 체계에 따라 서로 관련 있는 부분들이 이어져 있거나 같은 종류는 [ ][ ]이다.

2) 입 / 구 체 적 / 적

여러 가지 면에서 종합적으로 파악하는 것은 [ ][ ][ ], 실제적이고 세밀하게 담고 있는 것은 [ ][ ][ ]이다.

3) 생 태 / 태 양 계

태양과 태양을 중심으로 돌고 있는 행성과 별들을 한데 묶어 부르는 말은 [ ][ ][ ], 생물이 태어나서 살아가는 모양이나 상태 등의 복잡한 체계는 [ ][ ][ ]이다.

3 문장에 어울리는 낱말을 골라 ○표 하세요.

1) 이 작품은 새로운 구성과 (체재 / 지체)로 이루어져 있다.

2) 조각 작품을 만들 때에는 (전체적 / 구체적)으로 균형이 잘 잡혀 있는지 생각해야 한다.

3) 두 친구는 각자의 회사를 하나로 (계통 / 통합)하여 더 큰 회사로 만들었다.

어려운 자료를 숫자로 보는 통계

통 계

하루에 한 끼를 거르는 사람이 많다는 **통계** 자료가 나왔습니다.

에이. 말도 안 돼! 내가 하루에 다섯 끼를 먹는데….

21 뉴스

"통계 자료를 보고 물음에 답하시오."처럼 수학 문제를 풀 때 통계란 말을 본 적이 있을 거예요. 통계는 '줄기 통(統)'과 '셀 계(計)'가 합쳐져서 어떤 내용을 기준에 따라 한눈에 알아보기 쉽도록 숫자로 나타낸 것을 말해요. 문제에 나오는 낱말들만 잘 이해해도 문제를 반은 푼 거랍니다.

수학과 관련된 개념을 나타내는 말, 말, 말!

수학에서는 개념이 중요해요. 어떤 낱말이 무엇을 뜻하는지 알아야 문제도 풀 수 있죠!

빈칸에 알맞은 부호를 써넣으시오.	부호	수나 식의 사이에 셈을 놓을 때 쓰는 기호예요. '+, −, ×, ÷, ⊂, ⊃'이 모두 부호예요.
세 경기의 평균 점수는?	평균	자료 전체를 더한 합을 자료의 개수로 나눈 값을 말해요.
2 이상, 7 미만의 짝수의 집합을 구하시오.	집합	주어진 조건에 따라 그 대상을 분명하게 알 수 있는 것들의 모임을 뜻해요.

統 줄기 통 　 計 셀 계

어떤 내용을 기준에 따라 한눈에 알아보기 쉽게 숫자로 나타낸 것

■ **부호**(符부호 부 號이름 호)
수나 식의 사이에 셈을 놓을 때 쓰는 기호

■ **평균**(平평평할 평 均고를 균)
자료 전체를 더한 합을 자료의 개수로 나눈 값

■ **집합**(集모을 집 合모을 합)
주어진 조건에 따라 그 대상을 분명하게 알 수 있는 것들의 모임

그럼 2 이상, 7 미만의 짝수의 집합은 답이 뭘까요? 바로 2, 4, 6인 거예요. 조건에 딱 맞는 대상만 찾으면 문제 해결! 일상생활에서는 사람들을 한 곳으로 모을 때 집합이라는 말을 사용하기도 해요. 수학 문제에서 "다음 수들이 합계를 구하시오."라는 말을 볼 거예요. 합계는 '합할 합(合)'과 '셀 계(計)'로 이루어진 낱말로 한데 합하여 계산하라는 뜻이에요.

또 빈도란 '자주 빈(頻)' 자를 써서 같은 현상이나 일이 반복되는 정도를 말해요. 어떤 일이 자주 일어난다면 빈도가 높은 거예요.

정점은 맨 꼭대기의 점이에요. 원뿔의 꼭짓점은 맨 꼭대기에 있지요? 정점은 꼭짓점과 같은 뜻의 말이에요.

계산 방법이나 과정을 표현하는 말, 말, 말!

수학 문제를 풀 때는 답을 알맞게 구했는지 살펴봐야 해요. '검사할 검(檢)', '셀 산(算)' 자가 모인 검산은 계산한 결과가 맞는지, 안 맞는지를 검사해 보는 거예요.

또 두 수의 크기를 비교하는 것은 '견줄 비(比)', '견줄 교(較)' 자가 모인 낱말로 서로 간의 비슷한 점, 다른 점을 알아보는 거예요. 수학 문제를 풀다 보면 여러 가지 방법으로 계산하고 그 방법들을 서로 비교해 보아야 할 때도 있지요.

분수의 분모를 같게 만드는 것은 통분이라고 해요. 수학 시간에 분수를 배울 때 꼭 나오는 낱말이에요.

- **합계**(合합할 합 計셀 계)
  한데 합하여 계산함
- **빈도**(頻자주 빈 度)
  같은 현상이나 일이 반복되는 정도
- **정점**(頂정수리 정 點점 점)
  맨 꼭대기의 점
- **검산**(檢검사할 검 算셀 산)
  계산한 결과가 맞는지, 안 맞는지를 검사함
- **비교**(比견줄 비 較견줄 교)
  둘 이상을 견주어 서로 간의 비슷한 점, 다른 점을 알아보는 것
- **통분**(通통할 통 分나눌 분)
  공통의 분모로 만드는 것

계산을 열심히 했는데 수학 7번 문제를 왜 틀린 거지?

나도 틀렸네?

제대로 **검산**한 것 맞아?

| 부호 | 평균 | 집합 | 통계 | 통분 |
| 빈도 | 정점 | 검산 | 합계 | 비교 |

형체에 따른 유무가 궁금해요!

저 줄꾼은 무형 문화유산이란다.

형체의 **유무**와 관계없이 자랑스러운 문화유산이군요!

와! 와!

부모님과 우리의 놀이 문화인 줄타기를 보러 왔어요. 공중에 매단 줄 위에서 부채를 들고 걸어 다니면서 여러 가지 재주를 부리는 줄꾼은 무형 문화유산이래요. 옛날부터 전해 내려오는 우리나라의 문화재에는 유형 문화유산과 무형 문화유산이 있어요. 형체가 있는 건물, 그림 조각, 책 등은 유형 문화유산이고, 형체가 없는 춤, 음악, 공예 기술 등은 무형 문화유산이에요. 형체가 있든 없든 형체의 유무와 관계없이 모두 우리의 자랑스러운 문화유산인 것은 맞지요?

있고 없고를 뜻하는 유(有)와 무(無)

'있다'는 뜻의 유(有) 자와 '없다'는 뜻의 무(無) 자를 짝 지어 서로 반대되는 뜻의 낱말을 만들 수 있어요. 어떤 낱말을 만들 수 있는지 알아볼까요?

오 예~! 게임이 재밌어!

나도 게임처럼 **유용**했는데......

이젠 **무용지물**이 되어버렸어.

有 있을 유	無 없을 무
있음과 없음	

유형(有 形 모양 형)
형체가 있음

무형(無形)
형체가 없음

유한(有 限 한할 한)
한계나 한도가 있음

무한(無限)
한계나 한도가 없음

유관(有 關 관계할 관)
관계나 관련이 있음

무관(無關)
관계나 관련이 없음

유용(有 用 쓸 용)
쓸모가 있음

무용(無用)
쓸모가 없음

한계나 한도가 있는 유한 ↔ 한계나 한도가 없는 무한
관계나 관련이 있는 유관 ↔ 관계나 관련이 없는 무관
쓸모가 있는 유용 ↔ 쓸모가 없는 무용
남들보다 잘하는 능력이 있는 유능 ↔ 능력이 없는 무능
의미가 있는 유의미 ‥ 의미기 없는 무의미

유(有) 자, 무(無) 자가 홀로 쓰이는 낱말

유(有) 자가 홀로 쓰인 낱말들을 살펴볼까요?

"한복에는 우리나라 고유의 멋이 있어요."
본래부터 가지고 있는 특유한 것
"나는 멋진 자동차를 소유하고 있어."
물건이나 땅 등을 자기 것으로 가지고 있는 것
"북한은 핵무기를 보유하고 있어."
가지고 있거나 간직하는 것
"이 상을 탄 기쁨을 부모님과 공유하고 싶어요."
공동으로 소유하는 것

이번에는 무(無) 자가 홀로 쓰인 낱말들이에요.

무시는 사람을 깔보거나 업신여기는 것을 말해요. 의견을 무시하다, 인권이 무시되다 등의 표현으로 사용하지요.

무질서는 질서가 없는 것을 뜻해요. 무질서 상태, 무질서한 생활 등의 표현으로 사용해요.

무작위는 일부러 꾸미지 않은 것을, 작위는 일부러 꾸민 것을 말해요. 그리고 보니 무작위는 운이 필요하군요!

유능(有 能능할 능)
남들보다 잘하는 능력이 있음

무능(無能)
능력이 없음

유이미(有 意뜻 의 味맛 미)
의미가 있음

무의미(無意味)
의미가 없음

고유(固굳을 고 有)
본래부터 가지고 있는 특유한 것

소유(所바 소 有)
가지고 있는 것

보유(保지킬 보 有)
소유하고 있거나 간직하고 있는 것

공유(共한가지 공 有)
공동으로 소유하는 것

무시(無 視볼 시)
사람을 깔보거나 업신여기는 것

무질서(無 秩차례 질 序차례 서)
질서가 없는 것

무작위(無 作만들 작 爲할 위)
일부러 꾸미지 않고 동등하게 뽑는 것

① 설명을 보고, 알맞은 낱말을 쓰세요.

어떤 내용을 줄기, 즉 기준에 따라 한눈에 알아보
기 쉽게 숫자로 나타낸 것 → ☐☐

② [보기]를 보고, 다음 설명에 해당하는 낱말을 쓰세요.

보기	평균 부호 집합 정점 빈도

1) 수나 식의 사이에 셈을 표시할 때 쓰는 기호는 ☐☐라고 해.

2) 자료 전체를 더한 합을 자료의 개수로 나눈 값은 ☐☐이라고 불러.

3) 주어진 조건에 따라 그 대상을 분명하게 알 수 있는 것들의 모임을
☐☐이라고 하지.

4) 같은 현상이나 일이 반복되는 정도는 ☐☐라고 해.

5) 맨 꼭대기의 점을 뜻하는 낱말은 ☐☐이야.

③ 문장에 어울리는 낱말을 골라 ○표 하세요.

1) 인구 분포에 대한 (통계 / 통분) 자료를 보고 물음에 답하시오.

2) 다음 빈칸에 '>, =, <' 중 알맞은 (문자 / 부호)를 써넣으시오.

3) 문제를 다 푼 다음에는 답이 맞는지 (감산 / 검산)을 해서 확인해야 한다.

4) 수학 문제를 풀다 보면 여러 가지 방법으로 계산하고 그 방법들을 서로
(비교 / 비유)해 보아야 할 때도 있다.

5) 이 분수 문제는 (통분 / 통일)해서 풀어야 한다.

통계

부호

평균

집합

합계

빈도

정점

검산

비교

통분

1 공통으로 들어갈 낱말을 쓰세요.

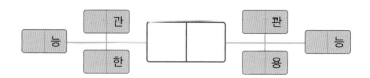

유무
유형
무형
유한
무한
유관
무관
유용
무용
유능
무능
유의미
무의미
고유
소유
보유
공유
무시
무질서
무작위

2 알맞은 낱말을 찾아 문장을 완성하세요.

1)
유	무
형	

있음과 없음은 ☐☐ ,

형체가 있는 것은 ☐☐ 이다.

2)
뉴	한
용	

한계나 한도가 있는 것은 ☐☐ ,

쓸모가 있는 것은 ☐☐ 이다.

3)
무	용
관	

쓸모가 없는 것은 ☐☐ ,

관계나 관련이 없는 것은 ☐☐ 이다.

4)
	공
소	유

가지고 있는 것은 ☐☐ ,

공동으로 소유하는 것은 ☐☐ 이다.

3 문장에 어울리는 낱말을 골라 ○표 하세요.

1) 추석은 우리나라 (고유 / 유무)의 명절이다.

2) 우리나라는 뛰어난 성능의 잠수함을 (고유 / 보유)하고 있다고 한다.

3) 금메달을 딴 기쁨을 온 국민과 (공유 / 유의)하고 싶습니다.

4) 힘든 일을 겪어 좌절하게 되면 삶이 (무의미 / 유의미)하게 느껴질 수 있다.

5) 이번 행사에 참석할 사람을 (무질서 / 무작위)로 뽑겠어요.

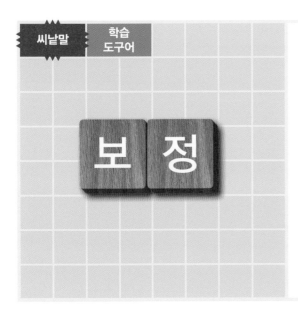

사진을 보정하니 예뻐졌네?

이 사진이 쟤였어?

엄청난 **보정**의 결과지.

여러분 사진을 뽀샵 해 본 적 있지요? 휴대 전화 카메라로 사진을 찍은 뒤 얼굴을 작게 하거나 눈을 또렷하게 하고 피부를 깨끗하게 고칠 수 있어요. 이렇게 예쁘게 고친 사진을 보정 사진이라고 해요. 보정은 '도울 보(補)'와 '바를 정(正)'을 써서 부족한 부분을 도와 바르게 고친다는 뜻이에요. 보정 사진도 비슷한 거예요. 사진 속의 인물이나 풍경의 결점을 바로잡아 돋보이게 해요. 모자란 여러 가지를 도와주고 힘을 보태는 일에는 '도울 보(補)'가 많이 쓰여요. 보(補)가 쓰이는 낱말들을 살펴보자고요!

내가 힘을 보탤게! 보탤 보(補)

보(補)는 주로 보태어 준다는 의미로 쓰여요. 예문을 보면서 뜻을 살펴봐요.

"오늘은 보충 학습을 할 거예요."

보충은 채운다는 뜻의 충(充)을 붙여서 모자라는 것을 보태어 채운다는 의미예요. 여러분이 다니는 학원을 보습 학원이라고 하죠? 보습은 보충 학습이에요. 학교에서 배웠지만 잘 모르겠다 싶을 때 더 보충해서 익히는 것이 보습이지요.

補	正
도울 보	바를 정

부족한 부분을 도와 바르게 함

■ **보정 사진**(補正 寫베낄 사 眞참 진)
사진 속의 인물이나 풍경의 결점을 바로잡아 돋보이게 한 사진

■ **보충**(補 充채울 충)
부족한 것을 보태어 채움

■ **보충 학습**(補充 學배울 학 習익힐 습)
일정한 학과 과정을 마치고 학습이 부족한 교과를 보충하여 익힘＝보습(補習)

■ **보완**(補 完완성할 완)
모자란 부분을 보태어 완성함

■ **보급**(補 給넉넉할 급)
물건이나 먹을 것을 넉넉하도록 대어 주는 것

계속해서 빈칸을
채워 볼까요?
모자라는 것을 부태어
흠을 없애는 것은 ☐완,
물건이나 먹을 것을 끊이지 않도록
더하는 것은 ☐급이지요.
힘, 돈, 물건 같은 것을 보태는 것은 ☐조,
남에게 끼친 손해를 갚아 채워 주는 것은 ☐상,
보태거나 채워서 원래보다 더 튼튼하게 하는 것은 ☐강이에요.

내가 다 도와줄게! 도울 보(補)

보(補)는 부족한 점을 보태어 주는 도와준다는 뜻으로도 쓰여요.
보청기는 소리가 잘 들리도록 돕는 기구예요.
보좌는 윗사람 곁에서 일을 돕는 것을 말하고요.
보좌관은 윗사람 곁에서 꼼꼼히 돕는 사람을 말하지요. 상관을 돕
는 일을 맡은 직책을 말하는 거예요.
모자라는 사람을 채울 때도 보(補)를 써요.
사람이 빠지게 되어 인원이 부족할 때 채워 주는 거 ☐격
선거에서 당선자가 어떤 일로 그만두게 되어 결원이 생겼을 경우 선
거를 통해 새로 사람을 뽑아 빈자리를 채우는 것은 ☐궐
선거에서 뽑히려고 나선 사람은 후☐, 후보로 결정된 사람은 후
☐자예요.
그러고 보니 보(補)의 쓰임이 아주 다양했네요!

■ **보조**(補 助도울 조)
힘, 돈, 물건 같은 것을 보태어
돕는 것
■ **보상**(補 償갚을 상)
남한테 끼친 손해를 갚음
■ **보강**(補 强굳셀 강)
보태거나 채워서 더 튼튼하게
하는 것
■ **보청기**(補 聽들을 청 器그릇 기)
잘 들을 수 있게 도와주는 도구
■ **보좌**(補 佐도울 좌)
윗사람 곁에서 일을 돕는 것
■ **보좌관**(補佐 官벼슬 관)
상관을 돕는 일을 맡은 직책.
또는 그런 관리
■ **보결**(補 缺모자랄 결)
사람이 빠지게 되어 인원이 부
족할 때 채워 주는 것
■ **보궐**(補 闕대궐 궐)
결원이 생겼을 때 그 빈자리를
채움
■ **후보**(候보살필 후 補)
선거에서 뽑히려고 나선 사람
■ **후보자**(候補 者사람 자)
후보로 결정된 사람

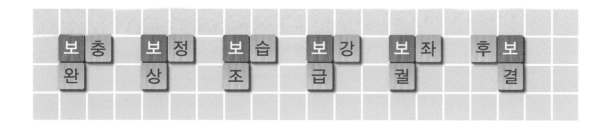

앙부일구가 뭐야?
알쏭달쏭 문화재 이름

앙 부 일 구

그림자의 위치가 계속 바뀌고 있어!

하늘을 우러러보는 솥단지라네.

앙부일구

우아, 박물관에 갔더니 옛 사람들이 쓰던 신기한 물건들이 잔뜩 있어요. 그런데 무슨 이름이 저렇게 길고 어려운 한자어로 되어 있을까요? 하지만 이제 걱정은 그만! 길고 어려운 한자어도 그 뜻을 잘게 쪼개 살펴보면 금방 뜻을 알 수 있어요. 위의 그림은 앙부일구라는 조선 시대 유물이에요. 뭐에 쓰는 거냐고요? 앙(仰)은 우러러본다는 의미이고, 부(釜)는 솥을 뜻하지요. 일(日)은 해를 뜻하고, 구(晷)는 그림자를 가리켜요. 그러니까 앙부일구는 하늘을 우러러보는 솥단지 모양의 해 그림자를 측정하는 기구겠네요!

생김새와 쓰임을 알려 주는 문화재 이름

청자상감모란국화문과형병은 고려 시대에 만들어진 도자기예요. 이 도자기는 어떻게 생겼을까요?

청자상감모란국화문과형병

청자는 도자기의 색이 청색임을 알려 주지요.
상감은 도자기에 사용된 주요한 기법이 상감 기법이라는 뜻이에요.
상감 기법은 도자기에 원하는 무늬로 홈을 파고 그 안에 금, 은, 옻 등을 넣어 무늬를 내는 방법이에요.

仰 釜 日 晷
우러를 앙 | 가마 부 | 해 일 | 그림자 구

조선 세종 때에 제작한 하늘을 우러러 보는 솥단지 모양의 해시계

■ **청자**(靑푸를 청 瓷사기그릇 자)
푸른 색 도자기

■ **상감**(象모양 상 嵌산골짜기 감)
상감 기법으로 만들었음

■ **모란국화문**(牡 양성 모 丹붉을 란 菊국화 국 花꽃 화 文글월 문)
모란과 국화의 무늬

■ **과형병**(瓜참외 과 形모양 형 瓶병 병)
참외 모양의 병

■ **청자상감모란국화문과형병**
상감 기법으로 국화와 모란 무늬를 넣은 참외 모양의 청색 도자기, 고려 시대 청자

모란국화문은 국화와 모란 무늬이고, 과형병은 참외 모양의 병을 뜻해요. 자, 앞의 사신은 상감 기법으로 국화와 모란 무늬를 넣은 참외 모양의 청색 도자기가 맞지요?

내용을 알려 주는 문화재 이름

유물 이름 중에는 유물에 담긴 내용을 알려 주는 힌트도 있어요. 지도 이름이 대표적이에요.

천상열차분야지도의 뜻을 살펴봐요.

천상은 하늘을 형상을, 열차는 목성의 운행 길인 차(次)를 나란히 나열하였단 뜻이지요.

그럼 무엇을 기준으로 목성이 움직이는 길을 나열하였을까요?

힌트는 분야(分野)에 있지요. 분야는 별자리를 12구역으로 나눈 것이에요. 즉 천상열차분야지도는 하늘의 별자리 형상을 나란히 나타낸 천문도인 것이죠.

혼일강리역대국도지도도 살펴볼까요?

혼일은 여럿을 하나로 한다는 뜻으로 당시의 중국이 주변의 오랑캐를 아우른다는 것을 의미해요.

강리는 변두리 지역을 가리키는 것으로 다스리거나 알아야 할 역대 왕조와 세계의 모습을 의미하지요.

역대국도는 과거 도읍지를 말해요. 이것은 과거 도읍지를 표기한 세계 지도인 것이죠.

문화재의 명칭은 길고 복잡해서 어려워 보이지만, 이름 속에 숨어 있는 힌트를 살펴보면 쉽게 파악할 수 있어요.

■ **천상**(天 하늘 천 象)
하늘의 형상

■ **열차**(列 벌일 열 次 이어서 차)
목성의 운행 길인 '차'를 나열함

■ **분야**(分 나눌 분 野 들 야)
별자리를 12구역으로 나눈 것

■ **천상열차분야지도**(天 象 列 次 分 野 之 어조사 지 圖 그림 도)
조선 숙종 때 하늘의 별자리 형상을 나타낸 천문도

■ **혼일**(混 섞을 혼 一 한 일)
여럿을 하나로 아우름

■ **강리**(疆 경계 강 理 다스릴 리)
변두리 지역

■ **역대국도**(歷 지날 역 代 번갈아 들다 대 國 나라 국 都 도읍 도)
과거 도읍지

■ **혼일강리역대국도지도**(混 一 疆 理 歷 代 國 都 之 圖)
1402년(태종 2) 조선에서 만든 세계 지도로 과거 도읍이 표기되어 있음

씨낱말
블록 맞추기

| 보 | 정 |

1 공통으로 들어갈 낱말을 쓰세요.

충 —— [청 기 / 후 자] —— [ ] 정 —— [완 / 좌 관] —— [ ] 급

2 주어진 낱말을 넣어 문장을 완성하세요.

1) | 보 | 충 | 학 | 습 |
   | 습 |

학습이 부족한 교과를 보충하여 익히는 것은 [ ]

[ ][ ][ ] 이고요. 이것을 줄여서 [ ][ ]

이라고 하지요.

2) | 보 | 좌 | 관 |
   | 좌 |

윗사람 곁에서 일을 돕는 것은 [ ][ ] , 상관을 돕

는 일을 맡은 직책은 [ ][ ][ ] 이지요.

3) | 후 | 보 | 자 |
   | 보 |

선거에서 뽑히려고 나선 사람은 [ ][ ] , 후보를 하

겠다고 나선 사람은 [ ][ ][ ] 예요.

3 문장에 어울리는 낱말을 골라 ○표 하세요.

1) 그는 교통사고와 관련해 피해 (보상 / 보강)을 받았다.

2) 그는 지금 공사 중인 아파트의 철근을 (보조 / 보강)하라는 지시를 받았다.

3) 전쟁 중에는 식량 (보급 / 보상)이 정말 중요합니다 .

4) 저는 전교 학생회장 (후보 / 보조) 유진우, 기호 1번입니다.

| 보정 |
| 보정 사진 |
| 보충 |
| 보충 학습 |
| 보습 |
| 보완 |
| 보급 |
| 보조 |
| 보상 |
| 보강 |
| 보청기 |
| 보좌 |
| 보좌관 |
| 보결 |
| 보궐 |
| 후보 |
| 후보자 |

1 설명을 보고, 알맞은 낱말을 쓰세요.

하늘을 우러러보는 솥단지 모양의 해 그림자를
측정하는 기구로 소선 시대 유물의 이름 → ☐☐☐☐

2 [보기]를 보고, 다음 설명에 해당하는 낱말을 쓰세요.

> 보기   청자상감모란국화문과형병   천상열차분야지도

1) 고려 시대에 만들어진 도자기로, 상감 기법으로 국화와 모란 무늬가 들어
간 참외 모양의 청색 도자기의 이름은 ☐☐☐☐☐☐
☐☐☐☐☐☐이야.

2) 조선 숙종 때 만들어진 하늘의 별자리 형상을 나타낸 천문도의 이름은
☐☐☐☐☐☐☐☐야.

3 문장에 어울리는 낱말을 골라 ○표 하세요.

1) 푸른색 도자기란 뜻의 낱말은 (청자 / 상가) (이)야.

2) (과형병 / 모란국화문)은 참외 모양의 병이란 뜻이지.

3) 조선에서 만든 세계 지도는 (천상열차분야지도 / 혼일강리역대국도지
도)야.

4 다음 낱말의 풀이가 바르게 연결되지 <u>않은</u> 것을 고르세요. (   )

① 모란국화문 – 모란과 국화 무늬

② 상리 – 벼두리 지역

③ 분야 – 별자리를 12구역으로 나눈 것

④ 앙부일구 – 하늘을 우러러보는 솥단지

⑤ 역대국도 – 역사적으로 전해 오는 지도

앙부일구

청자

상감

모란국화문

과형병

청자상감모란
국화문과형병

천상

열차

분야

천상열차분야
지도

혼일

강리

역대국도

혼일강리역대
국도지도

						1)					
		2)		3)						9)	
								10)			
		4)		5)							
						11)					
6)											
						12)					
7)		8)				13)			14)		
									15)		

정답 | 142쪽

🔑 가로 열쇠

2) 지난날의 잘못을 고쳐 착하게 되는 것을 이르는 사자성어

4) 중년 이후에 문제가 되는 병을 통틀어 이르는 말

6) 스스로 나서서 하는 것을 나타내는 말. "스스로 청소를 하겠다고 ○○○으로 나서다니!"

7) 전구의 불을 껐다 켰다 하면서 글자나 그림이 나타나도록 만든 판

10) 사진 속의 인물이나 풍경의 결점을 바로잡아 돋보이도록 한 사진

11) 학교에 다니는 중인 학생을 뜻하는 말. "난 초등학교 ○○○이야."

13) 드나드는 것을 엄격히 제한하는 구역

15) 둘 이상을 견주어 서로 간의 비슷한 점이나 다른 점을 알아보는 것

🔑 세로 열쇠

1) 빛줄기, 빛살의 한자어

3) 참외 모양의 병을 부르는 말. "청자상감모란국화문○○○"

5) 자연히 이루어지는 것이 아니리 사람의 힘으로 이루어지는 상태

6) 자신의 지난날을 되돌아 생각하며 쓴 전기

8) "열심히 세차를 했더니 차가 반짝반짝 ○○이 나는 걸?"

9) 재난으로 죽은 시체를 일컫는 말. "오늘 아침 야산에서 ○○○가 발견됐어."

10) 학습이 부족한 교과를 보충해 익히는 것

12) 완성된 제품

14) 전체를 구성하는 각 부분이나 요소의 비율을 뜻하는 말

2장

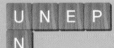
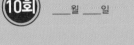

내가 좋아하는 과목은 국어야

科
과목 과

아아~ 어떻게 모든 □□을 다 잘할 수 있어요?

이 녀석아, 어떻게 국어만 95점이고 모두 다 50점 밑이야!

엄마, 요즘엔 한 □□만 파는 애들이 성공한대.

분위기 안 좋아. 가만히 있자.

위 그림의 빈칸에 공통으로 들어갈 말은 무엇일까요? (   )

① 복습   ② 과목   ③ 숙제   ④ 시험

정답은 ② 과목이지요.

과(科)는 '벼 화(禾)'와 '말 두(斗)'가 합쳐진 글자예요. 두(斗)는 곡식의 분량을 재는 단위예요. 두(斗) 자는 손잡이가 달린 바가지 모양을 본뜬 글자예요. 바가지로 곡식의 분량을 재었던 거죠.

그래서 사람들 사이에서 과(科)는 '벼(禾)를 말[斗]로 재서 나눈다'라는 뜻으로 통했어요. 그러다가 측량하고, 등급을 나누고, 구분한다는 의미가 덧붙게 되고 마침내 과목이란 뜻을 갖게 된 거죠.

과목은 학문을 분야별로 갈라 놓은 것이니까요.

중학교에 올라가면 한 선생님으로부터 여러 과목을 배우는 게 아니라 과목별(科目別)로 선생님이 따로 있어요. 별(別)은 낱말

중학교 가면 **과목별** 선생님이 따로 있대.

그 많은 선생님 성함을 어떻게 다 외우지? 휴우.

科   과목 과

- 과목(科 目 조목 목)
  학문을 분야별로 갈라 놓은 것
- 과목별(科目 別 나눌 별)
  과목에 따라 나누어서

뒤에 붙어 '나누어서, ~에 따라'라는 뜻을 나타내요. 그러니까 과목별은 '과목에 따라 나누어서'이지요.

난 **과학자**가 될 거야. 내가 만든 우주선 타고 제주도 놀러 가야지.

과학은 원래 과거지학(科擧之學)이라고 했어요. 과거는 옛날에 관리를 뽑던 시험이에요. 과거제는 과거로 관리를 선발하던 제도이고요. 그래서 과거지학은 원래 과거 시험을 위한 학문이었죠.

우리가 아는 과학의 뜻과는 많이 다르지요? 요즘에는 과학이 넓게는 학문 전체를, 좁게는 자연 과학을 가리키는 말로 쓰여요. 세상을 체계적으로 연구하는 학문이라는 말이지요.

빌 게이츠는 어릴 때 취미로 **백과사전**을 읽었대. 나도 도전!

교과서부터 읽어 그래야 꼴찌를 벗어나지.

교과서의 '과' 역시 과목이란 뜻으로 쓰였어요. 교과서는 가르칠 과목의 내용을 담아 펴낸 책을 말해요. 백과(百科)는 모두 과목이에요. 온갖 분야의 지식을 통틀어 이르는 말이지요. 백과에 큰 대(大)를 붙인 대백과는 '백과'의 뜻을 한층 강조하는 말이죠. 백과사전은 세상의 모든 과목의 지식을 모아 놓은 사전이랍니다.

과(科)가 형벌이나 범죄를 뜻하기도 해요. 전과(前科)는 이전에 형벌을 받은 일을 말하고, 전과자(前科者)는 전에 죄를 저질러서 형벌을 받은 일이 있는 사람을 가리키지요.

■ **과학**(科 擧학문 학)
세상을 체계적으로 연구하는 학문 전체, 또는 자연 과학

■ **과거**(科 擧과거 거)
관리를 뽑던 시험

■ **과거지학**
(科擧 之~의 지 學)
과거를 위한 학문

■ **과거제**(科擧 制제도 제)
과거로 관리를 뽑던 제도

■ **교과서**
(教가르칠 교 科 書책 서)
가르칠 과목의 내용을 담아서 펴낸 책

■ **백과**(百 모든 백 科)
모든 과목 / 온갖 분야의 지식

■ **대백과**(大 클 대 百科)
백과의 뜻을 강조하는 말

■ **백과사전**
(百科 事일 사 典책 전)
모든 과목의 지식을 모아 놓은 사전

科 **형벌 과**

■ **전과**(前이전 전 科)
이전에 형벌을 받은 일

■ **전과자**(前科 者사람 자)
이전에 형벌을 받은 사람

🔔 이런 말도 있어요

금과옥조(金科玉條)는 금이나 옥처럼 귀중히 여겨 지키고 받들어야 할 규범이나 교훈을 말해요. 여기서 과(科)는 '법'이라는 뜻으로 쓰였답니다.

■ **금과옥조**(金금 금 科 玉옥 옥 條법규 조) 금과 옥처럼 귀중한 규범

교과서는 학교에서 배우는 책이지요.

그렇다면 교과(敎科)는 무엇일까요? 교과란 학교에서 가르치는 과목, 교육 목적에 따라 나누어 놓은 지식의 분야를 말해요. 학교에서 배우는 교과서는 교과별로 나뉘어 있어요. 즉 교과에 따라 나뉘어 있다는 말이지요. 그럼 과(科)의 뜻을 생각하면서 빈칸을 채워 볼까요?

사회를 가르치는 선생님은 사회☐ 선생님,

과학을 가르치는 선생님은 과학☐ 선생님,

도덕을 가르치는 선생님은 도덕☐ 선생님,

수학을 가르치는 선생님은 수학☐ 선생님,

영어를 가르치는 선생님은 영어☐ 선생님.

고등학교에 가면 과를 크게 나누어 선택하게 되지요. 역사나 철학, 문학에 관심이 있으면 문과(文科)를 선택하지요. 또 수학이나 과학에 관심이 있으면 이과(理科)를 선택한답니다.

科	과목 과

■ **교과**(敎가르칠 교 科)
가르치는 과목

■ **교과별**(敎科別)
교과에 따라 나눔

　• **사회과**

　• **과학과**

　• **도덕과**

　• **수학과**

　• **영어과**

■ **문과**(文글월 문 科)
문학·철학·역사 방면의 학문을 연구하는 분과

■ **이과**(理이치 이 科)
자연 과학 방면의 학문을 연구하는 분과

🔔 학과의 과(科)
대학에 가면 훨씬 더 다양한 공부 분야가 있지요. 왼쪽 그림의 형은 국문과에 가고 싶은 모양이에요. 이렇게 어떤 학문 분야에 '-과'를 붙이면 그 학문을 가르치고 배우는 학과(學배울 학 科)를 말한답니다.

뭐가 이렇게 많냐.
어깨 아픈 나는 어느
과에 가야되지?

■ **이비인후과**(耳귀 이 鼻코 비
咽목구멍 인 喉목구멍 후 科)
귀, 코, 목과 관계있는 병을 치
료하는 병원의 한 분과

■ **안과**(眼눈 안 科)
눈을 치료하는 과

■ **치과**(齒이 치 科)
이를 치료하는 과

■ **소아과**

(小작을 소 兒아이 아 科)
어린이의 병을 치료하는 과

귀가 아프면 이비인후과에 가고 눈이 아프면 안과에 가야겠지요.
충치가 생기면 치과에 가지요. 갓난아기들이 아프면 어디에 갈까
요? 소아과에 가야겠지요?

사람 몸의 부위에 따라 치료하는 곳도 달라져요. 몸의 어느 부위를
고치는가에 따라 진료하는 과가 나뉘지요. 이때도 분류해 놓은 분
과라는 뜻의 과(科)를 써요.

학교의 교과와 병원 말고도 체계적으로 분류해야 할 것들이 아주 많
아요. 동물들과 식물들노 송류가 셀 수 없이 많아서 체계적으로 분
류해야 해요. 그래야 각각의 동식물에 대해 더 잘 알 수 있답니다.

예를 들면 아주 작은 꽃들도 체계적인 분류법에 따라 나누어져요.
아름다운 난들은 난과 식물에 속해요. 난과 식물은 다시 동양란과

서양란으로 나뉘지요. 족제비는 족제빗과
에 쇽히는 동물이에요. 사사는 고양잇과에
속하고요. 동물들도 이렇게 종류에 따라
구분된답니다.

난초

| 과목 | 과학 | 괴거 | 교과서 | 백가 | 문괴 |
| 치과 | 이비인후 | 소아과 | 사회과 | 이과 |

科
과목 과

과목

과목별

과학

과거

과거지학

과거제

교과서

백과

대백과

백과사전

전과

1 공통으로 들어갈 한자를 따라 쓰세요.

문

백 사 전   科   교 별

백

과목 과

목

안

2 어떤 낱말에 대한 설명인지 쓰세요.

1) 학문을 분야별로 갈라놓은 것 ➡ ☐☐

2) 관리를 뽑던 시험 ➡ ☐☐

3) 가르칠 과목의 내용을 담아서 펴낸 책 ➡ ☐☐☐

4) 자연 과학 방면의 학문을 연구하는 분과 ➡ ☐☐

3 알맞은 낱말을 찾아 문장을 완성하세요.

1) 중학교에 가면 교과에 따라 가르치는 ☐☐☐ 선생님이 따로

있대.

2) 수학자가 되려면 고등학교에서 ☐☐를 선택해야겠군.

3) 동생이 아파서 엄마가 동생을 데리고 ☐☐☐에 가셨어.

4) 나는 '정직'이라는 가훈을 ☐☐☐☐로 여기고 있어.

4 문장에 어울리는 낱말을 골라 ○표 하세요.

1) 국어 (과목 / 과거)을(를) 좋아하긴 하는데, 시험만 치면 점수가 낮아요.

2) 시험 전에 (교과서 / 과목)을(를) 집중적으로 읽어. 도움이 될 거야.

3) 생일날 부모님께서 (백과사전 / 문과)을(를) 사 주셨어.

5 설명을 읽고, 알맞은 낱말을 연결하세요.

1) 이전에 형벌을 받은 일 •　　　　　　　　• 과목

2) 학문을 분야별로 갈라 놓은 것 •　　　　　　• 전과

3) 온갖 분야의 지식 •　　　　　　　　　　• 과거제

4) 옛날에 관리를 뽑던 시험 제도 •　　　　　• 백과

6 화살표를 따라가며 글자를 모아 보세요.　　　➜ 예 ➜ 아니오

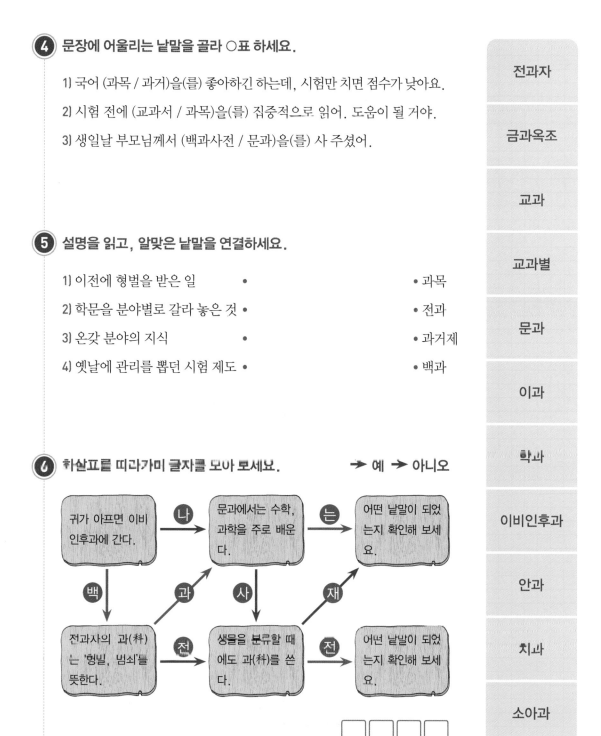

| 귀가 아프면 이비인후과에 간다. | **나** → | 문과에서는 수학, 과학을 주로 배운다. | **는** → | 어떤 낱말이 되었는지 확인해 보세요. |

| **백** ↓ | | **과** / **사** ↓ | | **재** |

| 전과자의 과(科)는 '형벌, 범죄'를 뜻한다. | **전** → | 생물을 분류할 때에도 과(科)를 쓴다. | **전** → | 어떤 낱말이 되었는지 확인해 보세요. |

사이드바 낱말 목록:
전과자 / 금과옥조 / 교과 / 교과별 / 문과 / 이과 / 학과 / 이비인후과 / 안과 / 치과 / 소아과

쉿! 모두 주목하세요!

目 눈 목

목례(目禮)는 목으로 하는 인사가 아니라 눈짓으로 가볍게 하는 인사예요. 눈을 한자로 목(目)이라고 하지요.

옛날에는 서양인을 색목인이라고 불렀다지요? 우리와 달리 눈동자에 색이 있다고 해서 붙여진 이름이에요. 재미있죠?

빈칸을 채워 가며 눈과 관련된 말들을 살펴볼까요?

귀, 눈, 입, 코를 합쳐 이르는 말 □□□□는 얼굴의 생김새를 뜻해요. 그 가운데 귀와 눈만 일컬어 □□이라고 하지요.

정답은 이목구비, 이목이에요. 이목은 주로 다른 사람의 관심이나 주의, 주목을 뜻하는 말이지요. 이목을 끌다, 남의 이목처럼 쓰여요.

한편 체면을 뜻하는 말인 면목(面目)도 있어요.

부끄러워 남을 대할 낯이 없을 때 '면목이 없다'라는 표현을 쓰지요. 본디부터 지니고 있는 그대로의 상태나 참모습은 진면목(眞面目)이라고 해요.

目	눈 목

■ **목례**(目 禮인사 례)
눈짓으로 가볍게 하는 인사

■ **색목인**(色빛 색 目 人사람 인)
눈동자에 색이 있는 사람
= 서양인

■ **이목구비**
(耳귀 이 目 口입 구 鼻코 비)
귀, 눈, 입, 코를 합쳐 부르는 말, 얼굴 생김새

■ **이목**(耳目)
귀와 눈, 다른 사람의 관심이나 주의

■ **면목**(面얼굴 면 目)
얼굴과 눈, 체면

■ **진면목**(眞참 진 面目)
본디 지닌 참모습

열목어(熱뜨거울 열 目 魚물고기 어)는 눈이 붉은 특징이 있어요.

목전(目 前)은 '눈앞'을 뜻해요. 눈앞은 아주 가깝겠죠? 그래서 가까운 미래를 뜻하기도 해요. '목전의 이익'은 당장 생길 이익을 말하죠.

빈칸에 들어갈 말은 무엇일까요? (   )

① 목수   ② 목격   ③ 반목   ④ 주목

정답은 ②번, 목격(目擊)이에요. 눈으로 직접 보는 걸 뜻하거든요.
목격은 자기가 직접 보았음을 강조할 때 쓰는 말이기도 해요.
빈칸을 채우면서 '눈'에 관련된 말들을 더 찾아볼까요?
상대의 재주나 지식이 눈부시게 발전해서 눈을 비비고 봐야 할 정도
라면 괄☐상대라고 말해요. 괄(刮)이 '비비다'라는 뜻이에요. 눈앞
의 상황이 차마 눈뜨고 볼 수 없는 지경이면 ☐불인견이라고 해요.
몹시 따히기니 심각한 상황일 때 쓰이지요.

다음 중 미워하며 사이가 좋지 않은 것을 무엇이라고 할까요?

(   )

① 반목   ② 안목   ③ 맹목   ④ 지목

네, 정답은 ①번, 반목(反目)이에요. 서로 쳐다보기도 싫으니까 눈
을 마주하지 않고 반대로 한다는 뜻이에요.
눈으로는 보는 일을 해요. 그래서 목(目)에는 보다라는 뜻도 있어
요. 관심을 쏟으며 주의 깊게 보는 것은 주목(注目)이라고 해요. 주
먹이 아니니까 조심하자고요.

■ **목전**(目 前앞 전)
눈앞

■ **목격**(目 擊마주칠 격)
눈으로 직접 봄

■ **괄목상대**(刮비빌 괄 目 相서
ㄹ 상 對대할 대)
상대를 눈을 비비고 봄

■ **목불인견**(目 不아니 불 忍차
마 못할 인 見볼 견)
차마 눈으로 볼 수 없음

■ **반목**(反반대 반 目)
눈을 반대로 하여 마주치지도
않음(서로 미워함)

🔔 **과메기**

과메기는 말린 청어를 부르는
이름이에요. 옛날에 청어의 눈
을 꿰어 말린 것을 관목(貫꿸 관
目)이라고 부르 데서 온 것이
에요.

目   볼 목

■ **주목**(注관심 쏟을 주 目)
관심을 쏟아서 봄

'보는 눈이 있다'라고 이야기할 때 보는 눈을 안목(眼目)이라고 하지요. 사물의 옳고 그름이나 좋고 나쁨 따위를 가려낼 줄 아는 능력 즉 분별력을 말하지요.

스타에게 맹목적인 사랑을 펼치고 있는 소녀들이군요. 맹목(盲目)이란 눈이 멀었다는 뜻이에요. 눈이 멀면 제대로 볼 수 없겠지요? 이성을 잃고 제대로 분별하지 못할 때 맹목적이라고 말해요.

눈은 얼굴에서 가장 중요한 부분이에요. 목(目)에는 우두머리, 대표란 뜻도 있어요. 무리의 우두머리를 뜻하는 두목(頭目)이 원래는 '머리에서 눈처럼 중요한 것'이라는 뜻이에요. 하지만 낮추어 부르는 말이니까 교장 선생님께 쓰면 안 돼요.

'이마와 눈'을 뜻하는 제목(題目)은 책이나 글의 내용을 대표하기 위하여 붙이는 이름을 말하지요.

겉으로 내세우는 이름이나 구실은 명목(名目)이에요. 실속은 없으면서 겉으로만 번지르르할 때 허울 좋은 명목이라고 표현한답니다.

目 눈 목

■ **안목**(眼볼 안 目)
보는 눈
■ **맹목**(盲눈멀 맹 目)
눈이 멂
■ **맹목적**(盲目的)
눈이 먼, 무조건적인

目 머리 대표 목

■ **두목**(頭머리 두 目)
머리에서 눈처럼 중요한 것 /
무리의 우두머리
■ **제목**(題이마 제 目)
책이나 글의 내용을 대표하여
붙이는 이름
■ **명목**(名이름 명 目)
겉으로 내세우는 이름

目 목표 목

■ **목적**(目 的과녁 적)
목표
■ **목적의식**(目 的 意뜻 의 識
알 식)
자신이 행동하는 목적을 뚜렷
이 아는 것

🔔 이런 말도 있어요

목(目)은 목표라는 뜻도 있지요. 목표나 대상이 되는 과녁을 목적(目的)이라고 해요. 즉 이루려는 일을 뜻해요. 자신의 목적을 정확하게 깨닫고 행동할 때는 목적의식이 있다고 말해요.

조목의 '조(條)'는 가지를 뜻해요. 나뭇가지처럼 갈라진 부분 하나 하나가 바로 조목(條目)이에요. 항목별로 하나하나 따지는 걸 보고 '조목조목 따지다'라고 하지요. 항목은 조목과 비슷한 말이지요. 오른쪽의 설문 조사처럼 항목도

目 항목 목

※자신이 해당하는 항목에 표시해 주세요.
1. 성별 : 남(　) 여(　)
2. 가장 좋아하는 과목은?
　국어(　) 수학(　) 사회(　) 과학(　)

전체를 이루고 있는 낱낱의 부분이나 갈래를 뜻하거든요. 이렇게 목(目)에는 '갈래가 되는 항목'이라는 뜻도 있어요. 그럼 어떤 항목들이 있는지 빈칸을 채우면서 알아볼까요? 물품의 항목 하나하나는 품□, 저지른 죄의 항목은 죄□, 세금의 항목 하나하나는 세□, 성실·정직·믿음 등과 같은 덕의 항목은 덕□, 종류에 따라 나눠진 항목은 종□이에요. 정답은 품목, 죄목, 세목, 덕목, 종목이에요. 도서관에 가면 찾기 쉽도록 책이 목록별로 정리되어 있어 편리해요. 목록은 항목을 정리하여 기록한 것이에요. 학교에서 배우는 과목은 교과 항목을 뜻해요. 국어, 수학 등으로 나누어 공부하면 더 효율적이지요. 지목은 사람이나 사물을 가리켜 정하는 거예요. "그를 범인으로 지목했다"라는 말은 그 사람이 범인이라는 항목에 들어간다고 가리켜 정했다는 말이지요.

조목(條가지 조 **目)**
가지처럼 갈라진 항목

항목(項항 항 **目)**
낱낱의 부분, 갈래

품목(品물건 품 **目)**
물품의 항목

죄목(罪죄 죄 **目)**
죄의 항목

세목(稅세금 세 **目)**
세금의 항목

덕목(德덕 덕 **目)**
덕의 항목

종목(種종류 종 **目)**
종류별로 나눈 항목

목록(目 錄기록할 록 **)**
항목별로 기록한 것

과목(科과목 과 **目)**
교과 항목

지목(指가리킬 지 **目)**
항목에 따라 가리켜 정함

범인은 바로 당신이야.

헉! 나를 지목하다니.

| 목 례 | 이 목 | 면 목 | 목 전 | 목 격 | 진 면 목 |
| 반 목 | 안 목 | 맹 목 적 | 두 목 | 제 목 | 품 목 |

눈 목

목례

색목인

서양인

이목구비

이목

면목

진면목

열목어

목전

목격

괄목상대

목불인견

반목

과메기

주목

안목

맹목

맹목적

❶ 공통으로 들어갈 한자를 따라 쓰세요.

| 례 | | | | 면 |

이　구　비　　目　　맹　적

| 전 | | 눈 목 | | 반 |

❷ 어떤 낱말에 대한 설명인지 쓰세요.

1) 귀와 눈, 다른 사람의 관심이나 주의 ➡ ☐☐

2) 본디 지닌 참모습 ➡ ☐☐☐

3) 눈으로 직접 봄 ➡ ☐☐

4) 물품의 항목 ➡ ☐☐

❸ 알맞은 낱말을 찾아 문장을 완성하세요.

1) 경찰에서는 그 남자를 용의자로 ☐☐ 했어.

2) ☐☐ 에서 교통사고가 나는 것을 보고 깜짝 놀랐어.

3) 강에서 잡은 ☐☐☐ 의 눈은 이름처럼 정말 붉은빛이었어.

4) 아는 사람과 좁은 곳에서 만나게 되면 가볍게 ☐☐ 만 하는 것이

좋아.

4 문장에 어울리는 낱말을 골라 ○표 하세요.

1) 나도 연예인들처럼 (이목구비 / 괄목상대)가 예뻤으면 좋겠어.

2) 그는 자신이 UFO를 (이목 / 목격)이나 한 듯이 이야기했다.

3) 중요한 얘기를 할 테니 모두 (조목 / 주목) 하세요.

4) 이제 갈등과 (맹목 / 반목)의 세월을 끝내고 평화 통일로 나아가야 합니다.

5 그림을 보고, 알맞은 낱말을 쓰세요.

1)

2)

6 설명을 읽고, 알맞은 낱말을 연결하세요.

1) 종류에 따른 항목 •   • 종목

2) 덕의 항목   •   • 품목

3) 물품의 항목   •   • 덕목

4) 저지른 죄의 항목   •   • 죄목

두목

제목

명목

목적

목적의식

조목

항목

품목

죄목

세목

덕목

종목

목록

과목

지목

남녀 공용 아니었어요?

共
함께 공

위 그림의 빈칸에 들어갈 말은 뭘까요? 공용(共用)이에요. 함께 쓴다는 말이죠. 이처럼 공(共)은 함께, 같이를 뜻해요. 남자와 여자가 같이 공부하는 학교를 남녀 공학(共學)이라고 해요.

공생(共生)은 함께 사는 거죠. 그래서 공생 관계는 서로의 생존을 위해 도움을 주고받는 관계를 말해요. 악어새는 악어 이빨에 낀 찌꺼기를 먹고, 그 덕에 악어는 이빨 청소를 하면서 말이죠.

'함께'라는 뜻을 생각하면서 빈칸을 채워 보아요.

작가가 책을 쓰는 건 저술이에요.

두 사람 이상이 함께 책을 쓰는 것은? ☐저.

범죄 등을 꾀하는 건 모의. 그럼 두 사람 이상이 함께 모의하는 것은? ☐모,

공모하는 사람들은 ☐모자,

함께 범죄를 저지르는 공모자들은? ☐범이에요.

共	함께 공

- **공용**(共 用쓸 용)
  함께 씀
- **남녀 공학**(男 남자 남 女 여자 녀 共 學 배울 학)
  남녀가 함께 공부하는 학교
- **공생**(共 生살 생)
  함께 살아감
- **공생 관계**
  (共生 關 관계할 관 係 맬 계)
  서로의 생존을 위해 도움을 주고받는 관계
- **공저**(共 著 저술할 저)
  여럿이 함께 책을 씀
- **공모**(共 謀 꾀할 모)
  함께 꾀함
- **공모자**(共謀 者 사람 자)
- **공범**(共 犯 범할 범)
  함께 범죄를 저지름

요즘 불법 동영상 **공유**가 사회적으로 문제가 되고 있어요.

공유(共有)는 함께 가진다는 말이에요. 법적으로는 하나의 물건을 여러 사람이 공동으로 소유하는 걸 말해요. 여러 사람이 함께 소유한 물건은 공유물, 여러 명이 함께 소유하고 있는 땅은 공유지라고 해요. 아파트나 상가 등에는 여러 사람이 같이 쓰는 공간이 있어요. 복도, 주차장, 계단 등이죠. 그 공간이 차지하는 면적을 공유 면적이라고 해요.

엄마랑 **공판장** 갈래?

공판장(共販場)은 '공동 판매장'의 준말이에요. 생산자나 상인들이 따로따로 물건을 팔지 않고 조합을 만들어서 함께 판매하는 건 공동 판매(共同販賣)라고 하죠. 모여서 함께 파니 많은 종류의 물건을 더 싸게 살 수 있는 장점이 있어요.

공명(共鳴)은 소리가 같이 울리는 현상을 말해요. 소리가 함께 울리게 만든 장치를 공명 상자라고 하죠. 마음도 '울린다'라고 하지요. 그래서 공명은 느낌이나 생각을 함께한다는 뜻으로도 쓰여요.

천인공노(天人共怒)라는 말도 있어요. 하늘[天]과 인간[人]이 같이[共] 분노[怒]할 정도라는 말이죠. 아주 나쁜 짓을 가리키는 말이에요.

공명 상자

■ **공유**(共有 가질 유)
함께 가짐

■ **공유물**(共有 物건 물)
함께 소유한 물건

■ **공유지**(共有 地땅 지)
함께 소유한 땅

■ **공유 면적**
(共有 面면 면 積쌓을 적)
여럿이 함께 쓰는 공간이 차지하는 면적

■ **공판장**(共 販팔 판 場장소 장)
함께 판매하는 장소

■ **공동 판매**(共 同같을 동 販팔 매 賣팔 매)
함께 판매함

■ **공명**(共 鳴울 명)
함께 울림 / 느낌이나 생각을 함께함

■ **천인공노**(天하늘 천 人사람 인 共 怒노할 노)
하늘과 사람이 함께 분노할 만큼 나쁜 짓

2002년 월드컵은 한국과 일본이 □□으로 주최했지.

共 함께 공

- **공동**(共 同같을 동)
  일을 함께함
- **공동체**(共 同 體몸 체)
  함께 살아가는 집단
- **공동 소유**
  (共 同 所바 소 有있을 유)
  공동으로 소유함
- **공동 주택**
  (共 同 住살 주 宅집 택)
  공동으로 사는 집
- **공동묘지**
  (共 同 墓무덤 묘 地땅 지)
  여러 사람이 함께 묻힌 묘지
- **공통**(共 通통할 통)
  여럿에 두루 통함
- **공통점**(共 通 點점 점)
- **공통어**(共 通 語말씀 어)
- **공통분모**
  (共 通 分나눌 분 母어미 모)
  분모가 같음
- **공공**(公공적 공 共)
  구성원 모두가 관련되는 것
- **공공질서**
  (公 共 秩차례 질 序차례 서)
- **공공 기관**
  (公 共 機틀 기 關기관 관)
- **공공요금**
  (公 共 料헤아릴 요 金돈 금)
  공공 자원의 이용료
- **공존**(共 存있을 존)
  함께 있음
- **공존공영**(共 存 共 榮번영 영)
  함께 살고 함께 번영함

빈칸에 들어갈 말은 공동(共同)이에요. 어떤 일을 함께할 때 공동으로 한다고 하죠. 그래서 공동으로 일하는 집단은 공동체, 한 물건을 같이 소유하면 공동 소유가 되지요.

그럼 다음 빈칸을 채워 볼까요?

아파트같이 여러 사람들이 같이 사는 집은? □□ 주택.

여러 사람이 같이 묻힌 묘지는? □□묘지.

공통(共通)이라는 말도 들어 봤지요? 여럿에 두루 통하는 관계가 있다는 말이죠. 공통점은 서로 같아 통하는 부분, 공통어는 영어처럼 여러 나라에서 두루 통하는 언어예요. 분수에서 $\frac{8}{12}$, $\frac{10}{12}$처럼 분모가 같은 걸 공통분모라고 하죠. 공통분모라는 말은 여러 사람 사이의 공통점이란 뜻으로도 쓰여요.

사람들이 모이면 한 사회를 이루게 되죠. 사회 구성원 모두와 관계되는 걸 공공(公共)이라고 해요.

모두가 지켜야 할 질서는 공공질서, 정부나 국회 같은 공적인 기관은 공공 기관, 전기나 수도 같은 공공 자원을 쓰고 내는 돈은 공공요금이에요.

김치.

웃어~

2000년 6월 15일에는 남북한의 정상이 평화로운 공존(共存)을 선언했어요. 공존은 서로를 인정하며 함께 잘 살아가는 것을 말해요. 남북한이 함께 공존하고 번영하는 공존공영의 길로 들어선 거예요.

공(共)은 사회 전체가 함께할 때 쓴다고 했죠. 공화(共和)는 국민 모두가 권리를 함께 나누어 가진다는 뜻이에요. 그래서 주권이 국민에게 있고 국민이 뽑은 대표자들이 법에 따라 하는 정치를 공화 정치, 그 제도는 공화제, 공화제를 채택한 나라는 공화국이지요. 옛날처럼 왕이 모든 권력을 가지고 나라를 다스리는 제도는 전제 군주제라고 해요.

일본이나 영국처럼 헌법으로 왕의 권력을 제한하는 제도는 입헌 군주제라고 해요. 공산주의에도 공(共) 자가 들어가요. 공산(共産)이란 생산 수단 따위를 공유한다는 뜻이에요. 공산주의를 채택한 국가는 공산 국가겠죠? 공산주의에 반대하는 것은 줄여서 반공이라고 해요. 그럼 다음의 빈칸을 채워 볼까요?

공산주의를 믿고 따르는 사람은? ☐☐주의자.

공산주의 정당은? ☐☐당.

공산 국가의 군대는? ☐☐군.

중국 공산군은 줄여서 중공군이에요.

공화(共 和화합할 화)
국민 모두가 권리를 함께 나눔

공화 정치(共 和 政다스릴 정 治다스릴 치)
공화를 이념으로 하는 정치

공화제(共 和 制제도 제)
공화를 보장하는 제도

공화국(共 和 國 나라 국)

공산(共 産생산 산)
생산 수단 따위를 공유함

공산주의
(共 産 主주장 주 義뜻 의)
공유를 중요하게 생각하는 정치 이념

공산주의자
(共 産 主 義 者사람 자)

공산 국가
(共 産 國 家집 가)

반공(反반대할 반 共)
공산주의에 반대함

공산당(共 産 黨무리 당)
공산주의를 믿고 따르는 무리

공산군(共 産 軍군사 군)
공산 국가의 군대

중공군(中중국 중 共軍)
중국 공산군

공용 공학 공생 공모 공법 공☐ 공동 공명 공동 공공질서 공화국

共
함께 공

| 공용 |
| 남녀 공학 |
| 공생 |
| 공생 관계 |
| 공저 |
| 공모 |
| 공모자 |
| 공범 |
| 공유 |
| 공유물 |
| 공유지 |
| 공유 면적 |
| 공판장 |
| 공동 판매 |
| 공명 |
| 천인공노 |
| 공동 |
| 공동체 |
| 공동 소유 |
| 공동 주택 |
| 공동묘지 |
| 공통 |

① 공통으로 들어갈 한자를 따라 쓰세요.

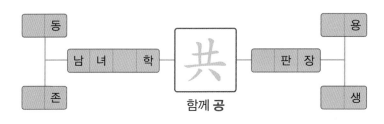

② 어떤 낱말에 대한 설명인지 쓰세요.

1) 서로의 생존을 위해 도움을 주고받는 관계 ➡ ☐☐☐☐

2) 여럿이 함께 책을 씀 ➡ ☐☐

3) 함께 소유한 물건 ➡ ☐☐☐

4) 공화제를 채택한 나라 ➡ ☐☐☐

③ 알맞은 낱말을 찾아 문장을 완성하세요.

1) 우리 학교는 남녀 ☐☐이에요.

2) 우리 학교 운동장이 옛날에는 여럿이 함께 묻힌 ☐☐묘지였던 거 알아?

3) 만국 ☐☐☐가 영어가 아니라 우리 한글이면 좋겠다.

④ 문장에 어울리는 낱말을 골라 ○표 하세요.

1) 허가받지 않고 동영상을 (공유 / 공용) 하는 것은 불법이에요.

2) 어제 뉴스 봤어? 지난 번 강도 사건의 (공범 / 공명)이 세 명이나 된대.

3) 우리 헤어져. 우리 사이에 (공모자 /공통분모)를 정말 찾을 수가 없어.

4) 다음 빈칸에 (공통 / 공공)으로 들어갈 말은 무엇일까요?

5 그림을 보고, 알맞은 낱말을 쓰세요.

1)

> 악어와 악어새는 □□ 관계로 함께 살아간단다!

□□

2)

> 2002년 월드컵은 한국과 일본이 □□으로 주최했지.

□□

6 사다리를 타고 내려가서, 내용에 어울리는 낱말을 [보기]에서 골라 빈칸에 써넣으세요.

| 보기 | 공산주의　　천인공노　　공동 판매　　공공요금 |

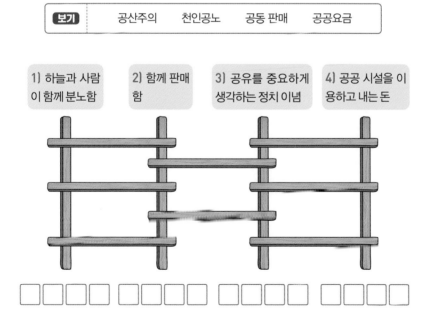

1) 하늘과 사람이 함께 분노함
2) 함께 판매함
3) 공유를 중요하게 생각하는 정치 이념
4) 공공 시설을 이용하고 내는 돈

□□□□□　□□□□□　□□□□□　□□□□□

공통점
공통어
공통분모
공공
공공질서
공공 기관
공공요금
공존
공존공영
공화
공화 정치
공화제
공화국
공산
공산주의
공산주의자
공산 국가
반공
공산당
공산군
중공군

씨글자 : 기본 어휘

서로 돕는 상부상조 정신

助
도울 조

구조(救助)란 위험하거나 곤란한 상황에서 구원하고 돕는 것을 말해요. 구조견은 경찰이나 군인 등과 협조하여 그런 일을 하는 개를 말하지요. 구조의 조(助)는 돕는다는 뜻이에요.

어? 그런데 협조에도 '조'가 있네요. 협조란 힘을 보태어 서로 돕는 거예요. 협조 중에서도 여러 사람이 공동으로 서로 도우면 공조(共助)라고 하지요. 그렇게 서로 돕는 제도나 조직을 공조 체제라고 해요.

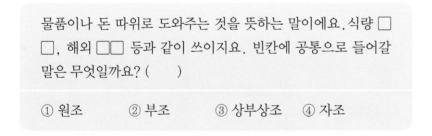

물품이나 돈 따위로 도와주는 것을 뜻하는 말이에요. 식량 □□, 해외 □□ 등과 같이 쓰이지요. 빈칸에 공통으로 들어갈 말은 무엇일까요? (　　　)

① 원조　　　② 부조　　　③ 상부상조　　④ 자조

정답은 ①번 원조(援助)예요. 우리나라도 해방 직후와 6·25 이후에 세계 여러 나라들로부터 원조를 받았지요.

부조(扶助)는 잔치나 초상처럼 큰일을 치르는 집에 돈이나 물건을 보내 돕는 것을 뜻해요. 원래 곁에서 거들어 도와준다는 뜻이 있어요.

助　　도울 조

■ 구조(救구할 구 助)
곤란한 상황에서 구원하고 도움

■ 협조(協협력할 협 助)
힘을 보태어 도움

■ 공조(共모두 공 助)
여러 사람이 공동으로 도움

■ 공조 체제
(共助 體조직 체 制제도 제)
서로 돕는 제도나 조직

■ 원조(援도울 원 助)
물품이나 돈 따위로 도움

■ 부조(扶거들 부 助)
곁에서 거들어 도움

🔔 부조금(扶助 金돈 금)은 잔칫집이나 초상이 난 집을 도와주기 위해 내는 돈이에요. '부주금'이라고 하면 안 돼요!

소년 소녀 가장이나 생활 보호 대상자 등 생활 능력이 없는 사람들이 살아갈 수 있도록 나라에서 도와주는 것은 공적 부조라고 하지요. 이렇게 서로 거들고 돕는 것을 상부상조라고 해요.

반면에 자조(自助)는 스스로 자기를 돕는 것, 스스로 도와 스스로 일어서는 것을 자조 자립이라고 하지요.

조산소(助産所)라는 곳을 아세요? 산부인과 병원 대신 아기 낳는 일을 도와주는 곳이에요.

조산소에서 아기 낳는 것을 도와주는 사람은 누구일까요?

( )

① 의사   ② 간호사   ③ 조산원

정답은 ③번, 조산원(助産員)이에요. 출산을 도와주는 사람이라는 뜻이지요.

우리 홀쩍이가 **조산원** 노릇 잘 하네.

이렇게 다른 사람을 도와주는 사람을 통틀어 조력자라고 하지요. 헬렌 켈러를 도와준 설리반 선생님도 훌륭한 조력자였지요.

반면 도와주는 것이 좋지 않을 때도 있어요. 범죄나 자살 등을 도우면 큰일 나잖아요. 이렇게 좋지 않은 일을 저지를 것을 알면서 말리지 않았거나 오히려 협조했다면 방조죄로 법의 처벌을 받아요. 방조는 어떤 일을 도와주었다는 뜻이에요.

또한 좋지 않은 일을 도와서 북돋는 것은 조장(助長)이라고 해요. 과소비 조장이나 지역감정 조장이 그런 예이지요.

공적 부조
(公관청 공 的~의 적 扶助)
생활 능력이 없는 사람들을 나라에서 돕는 것

상부상조
(相서로 상 扶相助)
서로가 서로를 거들고 도움

자조(自스스로 자 助)
스스로 자기를 도움

자조 자립(自助自 호설립)
스스로 도와 스스로 일어섬

조산소(助 産날 산 所곳 소)
출산을 도와주는 곳

조산원(助産 員사람 원)
출산을 도와주는 사람

조력자
(助 力힘 력 者사람 자)
다른 사람을 도와주는 사람

방조(幇도울 방 助)
범죄 행위를 거들어 도와줌

방조죄(幇助 罪죄 죄)
범죄 행위를 거들어 도운 죄

조장(助 長자랄 장)
좋지 않은 일을 도와서 북돋아 줌

보조 사회는 사회를 돕는 사람이에요. 보조(補助)는 보충하여 돕는 것, 또는 그런 일을 하는 사람을 말해요. 몸에 좋다고 챙겨 먹는 영양제, 비타민 등은 건강 보조 식품이라고 하지요? 약은 아니지만 몸의 건강을 유지하는 데 도움이 되는 식품이라는 말이죠.

어떤 책임자 밑에서 일을 돕는 사람을 뭐라고 할까요? (   )

① 고수   ② 중수   ③ 하수   ④ 조수

네. ④ 조수(助手)예요. 보조한다는 뜻의 조(助)에 사람을 뜻하는 수(手)가 합쳐진 말이지요.
감독이 되기 위해 일정 기간 동안 감독을 보조하면서 일을 배우는 사람은 조감독, 주연 배우의 역할을 보조하는 연기를 하면서 드라마나 영화를 더욱 빛나게 만드는 사람은 조연(助演)이에요.
어떤 일에 '찬성하여 보조하는 것'을 뭐라고 할까요?
네, 찬조(贊助)라고 해요.
선거에 나가는 후보자를 돕기 위해 대신 나서서 그 사람을 뽑아 줄 것을 당부하여 말하는 것은 찬조 연설,
누군가를 돕기 위해 무대나 공연에 출연하는 것은 찬조 출연,
찬성의 뜻으로 보조하는 돈을 찬조금이라고 하지요.

助   보조할 조

■ 보조(補보충할 보 助)
보충하여 도움

■ 조수(助 手손 수)
책임자 밑에서 일을 보조하는 사람

■ 조(助)감독
감독을 보조하여 일을 배우는 사람

■ 조연(助 演연기할 연)
주연 배우를 보조하는 연기를 하는 사람

■ 찬조(贊찬성할 찬 助)
어떤 일에 찬성하여 보조함

■ 찬조(贊助) 연설
자기가 지지하는 후보를 뽑아 달라고 하는 연설

■ 찬조(贊助) 출연
누군가를 돕기 위한 출연

■ 찬조금(贊助 金돈 금)
찬성의 뜻으로 보조하는 돈

🔔 조교수와 조교
조교수(助 敎가르칠 교 授줄 수)는 교수를 돕는 사람이 아니라 대학 교수의 직책 가운데 하나예요.
조교(助敎)가 교수를 도와 연구를 보조하는 사람이에요.
또한 조교는 군대에서 훈련 교관을 돕는 사람을 가리키는 말이기도 하지요.

다음 빈칸에 공통으로 들어갈 낱말은 무엇일까요? (　　　)

□□□견　　　길□□□　　　가사□□□

정답은 도우미예요. 남을 돕는다는 '도움'에 사람을 뜻하는 '이'를 합쳐서 '도움이'라고 해요. 소리 나는 대로 적으면 도우미예요. 이 말은 대전 엑스포 때 행사 안내와 봉사 활동을 했던 요원을 도우미라고 부르면서 사용된 말이에요.

뜀틀 활동을 할 때 멀리서부터 뜀틀 앞 구름판까지 힘껏 달려 뛰어오는 것을 도움닫기라고 하지요. '도움'과 '닫기'가 합쳐진 말로 닫기는 빨리 뛰어가는 것을 뜻해요. 도움주기는 농구나 축구 같은 운동 경기에서 다른 선수가 득점할 수 있도록 옆 선수가 공을 전달하여 도움을 주는 것을 말해요.

> ■ 도우미
> 어떤 행사에서 안내하거나 봉사하는 사람 / 남을 도와주는 사람
>
> ■ 도움닫기
> 뜀틀 넘는 데 도움이 되도록 빨리 뛰는 것
>
> ■ 도움주기
> 다른 선수가 득점할 수 있게 도움을 주는 것
>
> 🔔 도움말
> 도움말은 옆에서 거들거나 깨우쳐 주는 말이에요.
> = 조언(助 言말씀 언)
>
> 🔔 하늘은 스스로 돕는 자를 돕는다
> 이 말은 자신의 의지와 노력이 있어야 운도 따른다는 뜻이에요.

🔔 이런 말도 있어요

천우신조는 '하늘이 돕고 신령이 돕는다'라는 뜻이에요.
사고를 당하고도 멀쩡하거나, 전혀 희망 없는 일에 기적이 일어났을 때 쓰는 말이지요.

■ **천우신조**(天하늘 천 佑도울 우 神신신 助) 하늘이 돕고 신령이 도움

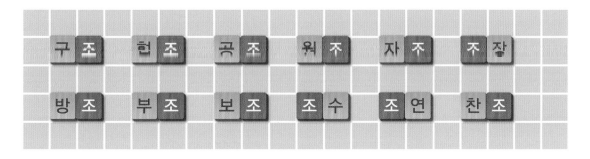

구조　헙조　곰조　워주　자주　주장
방조　부조　보조　조수　조연　찬조

助
도울 조

구조

협조

공조

공조 체제

원조

부조

부조금

공적 부조

상부상조

자조

자조 자립

조산소

조산원

조력자

방조

방조죄

1 공통으로 들어갈 한자를 따라 쓰세요.

원
구
자　자 립
助
찬　금
연
수

도울 조

2 어떤 낱말에 대한 설명인지 쓰세요.

1) 여러 사람이 공동으로 도움 ➜ ☐☐

2) 물품이나 돈 따위로 도움 ➜ ☐☐

3) 출산을 도와주는 사람 ➜ ☐☐☐

4) 어떤 행사에서 안내하거나 봉사하는 사람 ➜ ☐☐☐

3 알맞은 낱말을 찾아 문장을 완성하세요.

1) 그는 신고를 받고 출동한 소방관에게 ☐☐ 되었어.

2) 이 일은 여러분의 ☐☐ 가 없이는 결코 해결할 수 없습니다.

3) 학교에서는 어려운 학생들의 학비를 ☐☐ 해 주기로 하였습니다.

4) 영화 감독 밑에서 ☐☐ 역할을 하면서 실력을 키웠어.

④ 문장에 어울리는 낱말을 골라 ○표 하세요.

1) 강도 사건에 가담하진 않았지만, 그 일을 저지르는 것을 도와주었기 때문에 (방조죄 / 조력사)로 처벌받아야 해.

2) 같은 동네에 사니 서로 (상부상조 / 자조 자립)하면서 살자.

3) 이번 영화에서 주연은 아니었지만 (조연 / 조감독)의 연기가 빛났어.

⑤ 그림을 보고, 공통으로 들어갈 낱말을 쓰세요.

□□□견

길 □□□

가사□□□

□ □ □

⑥ 설명을 읽고, 알맞은 낱말을 연결하세요.

1) 하늘이 돕고 신령이 돕는 것 •   • 찬조 출연

2) 누군가를 돕기 위한 출연 •   • 천우신조

3) 스스로 도와 스스로 일어섬 •   • 상부상조

4) 서로 거들고 돕는 것 •   • 자조 자립

낱말 모음
조장
보조
조수
조감독
조연
찬조
찬조 연설
찬조 출연
찬조금
조교수
조교
도우미
도움닫기
도움주기
도움말
조인
천우신조

독버섯인지 아닌지 어떻게 구별하지?

別 나눌 별

이거 독버섯인지 먹는 버섯인지 어떻게 □□하지?

먹어 보면 알지!

먹어 보고 □□ 하는 건 어리석은 짓이야.

위 그림의 빈칸에 공통으로 들어갈 말은 무엇일까요? (   )

① 차별   ② 성별   ③ 구별   ④ 개별

別 | 구분할 나눌 | 별

- **구별**(區 구분할 구 別)
  사물을 성질에 따라 구분하여 나눔
- **분별**(分 나눌 분 別)
  서로 다른 일이나 사물을 구별하여 나눔
- **감별**(鑑 볼 감 別)
  잘 살펴서 성질이나 가치 따위를 구별함
- **성별**(性 성 성 別)
  성에 따라 나눔
- **개별**(個 낱 개 別)
  낱낱이 나눔

정답은 ③ 구별이에요. 구별(區別)은 사물을 성질에 따라 구분하여 나눈다는 말이에요. 독버섯인지 먹는 버섯인지 성질에 따라 구분하여 나누니 구별이지요. 분별(分別)은 서로 다른 일이나 사물을 구별하여 나눈다는 말이지요.

잘 살펴서 구별하는 것은 감별(鑑別)! 예술품이나 골동품의 가치를 살펴서 판단한다는 말로 잘 쓰이지요.

남성, 여성처럼 성에 따라서 나누는 것은 성별(性別). 화장실, 목욕탕은 성별로 나누어져 있어요. 낱낱이 나누는 것은 개별(個別)이라고 해요. 학교에 있는 사물함은 사람마다 따로 나누어져 있지요.

우린 신사도 숙녀도 아닌데 어디로 가죠?

내 말이. ㅜ.ㅜ

신사용

숙녀용

別 나눌 별

남녀유별(**男**사내 남 **女**여자 녀 **有**있을 유 **別**)
남자와 여자는 역할이 나뉘어 있음

부부유별
(**夫**남편 부 **婦**아내 부 **有別**)
남편과 아내는 역할이 나뉘어 있음

모둠별(**別**)
모둠에 따라 나눔

분단별
(**分**나눌 분 **圑**모임 단 **別**)
분단에 따라 나눔

학년별
(**學**배울 학 **年**해 년 **別**)
학년에 따라 나눔

차별(**差**차등 차 **別**)
차등을 두어 구별함

성차별(**性**성 성 **差別**)
성에 따라 차별함

인종 차별
(**人**사람 인 **種**종족 종 **差別**)
인종에 따라 차별함

남녀유별(男女有別)이란 뭘까요? 남자와 여자는 그 역할이 나뉘어 있다는 유교의 가르침이에요. 그럼 부부유별(夫婦有別)이란 말도 쉽게 알 수 있겠지요? 바로 아내와 남편도 역할이 나뉘어 있다는 말이에요. 이것도 역시 유교의 사상이지요. 그래서 조선 시대에는 남자가 빨래나 설거지를 하다거나 여자가 글 공부를 하면 큰일이 났었지요. 그러나 현대에 와서 이런 생각은 많이 달라졌어요. 한편 별(別)은 명사 뒤에 붙어 그것에 따라 나눈다란 뜻을 나타내요. 모둠에 따라 나누면 모둠별이죠.

그럼 다음 빈칸을 채워 볼까요?

분단에 따라 나누면? 분단 ☐ .

학년에 따라 나누면? 학년 ☐ .

차별(差別)은 차등을 두어 구별한다는 말이지요. 여자라는 이유로 차등을 두거나, 여자가 임신을 했을 때 직장을 그만두게 하는 것

은 성차별이에요. 미국에서는 백인들이 이용하는 식당에 흑인이 들어오지 못하게 한 적이 있었어요. 인종을 이유로 차별을 하는 인종 차별이라고 많은 비난을 받았어요.

別 헤어질 별

이별(離떠날 리 別)
떠나 헤어짐

생이별(生살 생 離別)
살아 있는 사람끼리 어쩔 수 없
는 사정으로 이별하게 됨

사별(死죽을 사 別)
죽어서 이별함

별리(別 離떠날 리)
헤어져 떠남 ＝ 이별

작별(作행할 작 別)
헤어짐에 이름

송별(送보낼 송 別)
사람을 떠나보냄

송별연(送別 宴잔치 연)
떠나는 사람을 위해 마련한 잔치

송별회(送別 會모일 회)
떠나는 사람을 위해 마련한 모임

애별리고
(愛사랑 애 別離 苦괴로울 고)
사랑하는 사람과 헤어져야 하
는 괴로움

그림의 빈칸에 공통으로 들어갈 말은 무엇일까요? (　　)

① 구별　　　② 개별　　　③ 유별　　　④ 이별

정답은 ④ 이별이에요. 이별(離別)은 떠나서 헤어진다는 말이지
요. 이별의 두 글자를 서로 바꿔서 별리(別離)라고 해도 같은 뜻이
되지요. 작별(作別)도 헤어짐을 뜻하는 말이에요.

송별(送別)은 사람을 떠나보낸다는 말이지요. 송별연은 떠나는 사
람을 위해 마련한 잔치, 송별회는 떠나는 사람을 위해 마련한 모임
이에요. 떠나는 사람의 행운을 빌어 주는 자리이지요.
애별리고(愛別離苦)라는 말이 있어요. 불교에서 말하는 여덟 가지
고통 중에 하나로, 사랑하는 사람과 헤어져야 하는 괴로움을 말해
요. 살아서 이별을 하는 생이별(生離別)이나 죽어서 이별하는 사별
(死別)이나 괴로움은 매한가지겠지요.

別 **다를 별**

■ **별명**(別 名 이름 명)
다른 이름, 주로 사람에게 쓰임

■ **별칭**(別 稱 일컬을 칭)
별명과 비슷한 말

■ **천차만별**(千 일천 천 差 차이 차 萬 일만 만 別)
모든 사물이 다 차이가 있고 다름

別 **특별할 별**

■ **특별**(特 특별할 특 別)
보통의 것과 구별되게 다름

■ **특별시**(特別 市 도시 시)
특별한 시, 서울

■ **특별법**(特別 法 법 법)
특별한 문제를 다루는 법

■ **별**(別)**다르다**
특별히 다름

■ **각별**(各 각자 각 別)
아주 특별함

■ **별**(別)**꼴**
특별한 꼴

■ **별식**(別 食 음식 식)
특별한 음식

■ **별종**(別 種 씨 종)
특별한 종류

누구나 별명 하나쯤은 가지고 있겠지요? 별명(別名)은 그 사람의 특징에 맞게 남들이 지어 주는 본명이 아닌 다른 이름이지요. 별명은 별칭(別稱)이라고도 해요. 이때 별(別)은 다르다는 말이지요.

별명도 천차만별이에요. 천차만별(千差萬別)이란 모든 사물이 다 차이가 있고 다르다는 말이지요. 요즘 휴대 전화는 종류가 많아 천차만별이에요.

특별하다는 말도 있어요. 특별(特別)은 보통의 것과는 구별되게 다르다는 말이지요. 서울은 도시 중에서도 특별하니 특별시, 특별한 문제를 다루는 법은 특별법이라고 해요.

별다르게 자장면을 좋아하는 친구가 꼭 있지요? 별다르다는 특별히

다르다는 말이에요. 자장면 집에서 함께 음식을 먹고 있는 것을 보니 사이가 무척 각별한 친구들인 듯싶네요. 각별하다는 것은 아주 특별하다는 말이지요. 이렇게 별(別)에는 특별하다라는 뜻도 있어요.

그럼 다음 빈칸을 채워 볼까요?

특별한 꼴은? ☐꼴. 특별한 음식은? ☐식. 특별한 종은? ☐종.

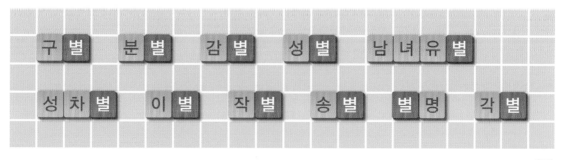

구별 분별 감별 성별 남녀유별

성차별 이별 작별 송별 별명 각별

나눌 **별**

구별

분별

감별

성별

개별

남녀유별

부부유별

모둠별

분단별

학년별

차별

성차별

인종 차별

이별

생이별

사별

1 공통으로 들어갈 한자를 따라 쓰세요.

개   리

남 녀 유   別   분 단

분   칭

나눌 **별**

2 어떤 낱말에 대한 설명인지 쓰세요.

1) 서로 다른 일이나 사물을 구별하여 나눔 ➡ ☐☐

2) 학년에 따라 나눔 ➡ ☐☐☐

3) 떠나는 사람을 위해 마련한 모임, 잔치 ➡ ☐☐☐

4) 별명과 비슷한 말, 사람과 사물에 두루 쓰임 ➡ ☐☐

3 알맞은 낱말을 찾아 문장을 완성하세요.

1) 해도 좋은 일과 그렇지 않은 일을 잘 ☐☐ 해야 한다.

2) 여자가 임신했다고 회사를 그만두어야 한다면 그건 ☐☐☐ 이
라고요.

3) 지금부터 ☐☐ 면담을 하겠으니 한 명씩 교무실로 오너라.

4 문장에 어울리는 낱말을 골라 ○표 하세요.

1) 좋은 책과 나쁜 책을 (분별 / 감별)할 줄 알아?

2) 외국인 노동자를 (차별 / 개별)하는 것은 좋지 않은 일이야.

5 두 낱말의 빈칸에 공통으로 들어갈 말을 [보기]에서 찾아 쓰세요.

> **보기**   유별   송별   차별

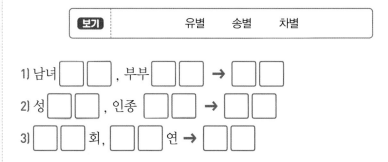

1) 남녀 ☐☐ , 부부 ☐☐ → ☐☐

2) 성 ☐☐ , 인종 ☐☐ → ☐☐

3) ☐☐회, ☐☐연 → ☐☐

6 사다리를 타고 내려가서, 풀이에 알맞은 낱말을 [보기]에서 골라 빈칸에 써 보세요.

> **보기**   천차만별   송별연   애별리고   별식

1) 떠나는 사람을 위해 마련한 잔치   **2)** 특별한 음식   **3)** 여러 사물이 차이가 있고 다름   **4)** 사랑하는 사람과 헤어져야 하는 괴로움

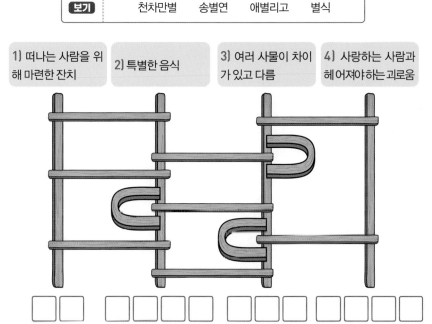

☐☐   ☐☐☐☐   ☐☐☐   ☐☐☐☐

별리

작별

송별

송별연

송별회

애별리고

별명

별칭

천차만별

특별

특별시

특별법

별다르다

각별

별꼴

별식

별종

의리로 뭉친 우리

義
옳을 의

빈칸에 들어갈 말은 정의예요. 정의(正義)란 진리에 맞는 올바른 도리예요. 사회 정의는 우리 사회를 이끌어 가는 올바른 도리를 말해요. 또 정의감은 정의를 생각하는 마음이겠지요.

그럼 정의의 반대말은 뭘까요? 불의(不義)예요. 우리는 불의를 이겨 내고 정의롭게 살아야겠지요. 정의를 지키며 살았던 분들을 의사(義士)라고 해요.

나머지와 다른 뜻으로 쓰인 '의사'는 누구일까요? (　　　)

① 윤봉길 의사　　② 이봉창 의사　　③ 안과 의사

義	옳을 의

- **정의**(正바를 정 義)
  진리에 맞는 올바른 도리
- **불의**(不아니 불 義)
  정의가 아님
- **의사**(義 士선비 사)
  의로운 선비
- **의거**(義 擧들 거)
  정의를 위하여 개인이나 집단
  이 들고 일어남

정답은 ③ 안과 의사이지요. ①과 ②의 의사는 뜻을 바르게 세운 선비와 같은 사람을 말해요. ③의 의사는 병을 고쳐 주는 사람이고요.

의거(義擧)는 의로운 뜻으로 들고 일어남을 말해요. 일제 강점기에 윤봉길 의사가 일본 군인에게 도시락 폭탄을 던진 일이나, 안중근 의사가 이토 히로부미를 총으로 쏜 일은 의거라 불러요. 의거를 통해 나라를 위험에서 건졌지요.

일반적으로 나쁜 짓이라고 여겨지는 일에 '의'가 붙으면 올바른 일로 바뀔 때도 있어요. 남의 물건을 훔치는 사람을 도둑이라고 하죠? 도둑질도 의롭게 하면 의적(義賊)이 돼요. 홍길동이나 임꺽정, 장길산 같은 사람들을 의적이라고 불러요. 나쁜 짓을 해서 부자가 된 사람들 돈을 빼앗아 가난한 사람들에게 나누어 주었기 때문이지요.

- **의적**(義 賊도둑 적)
  의로운 도둑
- **의병**(義 兵병사 병)
  의로운 병사
- **의병대**(義 兵 隊무리 대)
  의로운 병사들의 무리
- **의병장**(義 兵 將장수 장)
  의병들을 이끄는 장수
- **의용**(義 勇용기 용)
  의를 위해 일어난 용기
- **의용 소방대**(義 勇 逍사라질 소 防막을 방 隊)
  의로운 용기를 가진 주민들이 자발적으로 구성한 소방대

다른 나라 군대가 쳐들어왔을 때 군인이 아니면서도 맞서 싸우는 사람들을 무엇이라고 불러요? (   )

① 폭력배   ② 의병
③ 헌병   ④ 경찰

정답은 ② 의병이에요. 의병(義兵)은 나라에서 양성하는 군인이 아니라 스스로 나라를 구하기 위해 일어난 사람들을 말해요. 의병들이 모인 부대는 의병대, 의병들을 이끄는 장수는 의병장이라고 하지요. 의병들은 의용이 충만하지요. 의용(義勇)은 의(義)를 위하여 일어나는 용기를 말해요. 의용 소방대는 의로운 용기를 가진 주민들이 자발적으로 구성한 소방대를 말해요.

계백 장군은 백제를 위한 마지막 전투에서 아내와 자식을 죽이고 전투에 나갔지요. 이렇게 큰 뜻을 위해 가족을 희생하는 것을 대의멸친(大義滅親)이라고 해요. 세백 장군은 나라를 지

내 앞길을 막지 마라…

켜야 한다는 대의명분에 따른 것이지요. 대의명분(大義名分)은 큰 뜻에 따른 도리나 본분을 말하지요. 이때 의(義)는 뜻을 나타내요.

義 **뜻 의**

- **대의멸친**(大클 대 義 滅없앨 멸 親가족 친)
  큰 뜻을 위해 가족을 희생함
- **대의명분**(大클 대 義 名이름 명 分나눌 분)
  큰 뜻에 따른 도리나 본분

義 **마땅할 의**

■ **의리**(義 理이치 리)
사람이 마땅히 지켜야 할 도리

■ **예의**(禮예절 예 義)
예절과 의리

■ **신의**(信믿을 신 義)
믿음과 의리

■ **의무**(義 務일 무)
마땅히 해야 할 일

도희가 의리 없이 따로 먹고 있군요. 의리(義理)는 사람이 마땅히 지켜야 할 도리예요.

의리라는 뜻을 생각하면서 빈칸을 채워 볼까요?

예절과 의리는 ▢▢,

믿음과 의리는 ▢▢,

정답은 예의, 신의예요.

빈칸에 공통으로 들어갈 말은 무엇일까요? (　　　)

① 의무　　　② 의사　　　③ 의리　　　④ 의문

義 **의형제 의**

■ **의형제**
(義 兄형 형 弟아우 제)
의로써 맺은 형제

■ **의남매**
(義 男사내 남 妹누이 매)
의로써 맺은 남매

■ **도원결의**(桃복숭아 도 園동산 원 結맺을 결 義)
복숭아 동산에서 의형제를 맺음

정답은 ① 의무(義務)예요. 책을 빌려 가면 제 날짜에 돌려주는 것이 마땅히 해야 할 일, 즉 의무겠지요.

의형제나 의남매는 남남끼리 형제나 남매를 하기로 약속하는 거예요. 핏줄이 아니라, 의(義)로써 형제가 되는 거죠. 역사적으로 유명한 의형제는 삼국지의 유비, 관우, 장비예요. 이 셋은 복숭아 동산에서 의형제를 맺었죠. 이를 도원결의라고 해요. 이처럼 의(義)에는 의형제란 뜻도 있어요.

동의어(同義語)는 뜻이 같은 말을 가리켜요. 책방의 동의어가 서점인 것처럼 말이죠. 남자와 여자, 크다와 작다, 안과 밖은 반의어(反義語)예요. 반의어는 뜻이 정반대인 말이에요. 뜻이 서로 비슷한 말은 유의어(類義語)라고 하지요.

인도로만 다니는 게 인도주의가 아니에요. 인도주의(人道主義)는 사람을 가장 중요하게 여기는 생각을 말해요. 여기서 주의(主義)란 '중심 되는 뜻'이란 말이에요.
주의의 뜻을 생각하며 빈칸을 채워 볼까요?
자기 것만 챙기고 다른 사람은 아랑곳하지 않는 태도는 이기□□,
자기보다 다른 사람을 이롭게 하려는 생각은 이타□□,
이타주의와 비슷한 말로 넓게 사랑을 베푸는 것은 박애□□.

<table>
<tr><td>義</td><td>뜻 의</td></tr>
</table>

■ **동의어**(同같을 동 義 語말 어)
같은 뜻의 말
■ **반의어**(反반대할 반 義語)
반대되는 뜻의 말
■ **유의어**(類비슷할 유 義語)
뜻이 서로 비슷한 말
■ **주의**(主주될 주 義)
주된 뜻이나 생각
■ **인도주의**
(人사람 인 道길 도 主義)
인간을 가장 중요하게 여기는 생각
■ **이기주의**(利이롭게 할 이 己자기 기 主義)
자기의 이익만 생각하는 태도
■ **이타주의**(利 他남 타 主義)
자기보다는 다른 사람을 이롭게 하려는 생각
■ **박애주의**
(博넓을 박 愛사랑 애 主義)
넓게 사랑을 베푸려는 생각

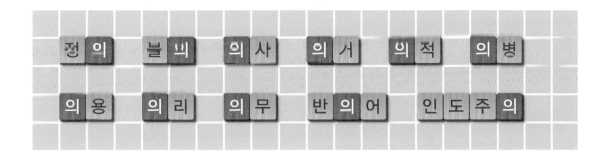

정의 늴씨 의사 의서 의적 의병
의용 의리 의무 반의어 인도주의

옳을 의

❶ 공통으로 들어갈 한자를 따라 쓰세요.

정 □
대 □ 명분 義 □ 병 장 □ 리
불 □ 옳을 의 □ 신

❷ 어떤 낱말에 대한 설명인지 쓰세요.

1) 정의를 위하여 개인이나 집단이 들고 일어남 ➜ □□

2) 의로운 도둑 ➜ □□

3) 의병들을 이끄는 장수 ➜ □□□

4) 반대되는 뜻의 말 ➜ □□□

❸ 알맞은 낱말을 찾아 문장을 완성하세요.

1) 민희는 끝까지 □□ 를 지켜 친구의 잘못을 덮어 주었어.

2) 다음부터는 이렇게 자기의 이익만 생각하는 □□□□□ 는 사

라졌으면 좋겠어요.

3) 가난한 나라를 도와주고 사랑하는 □□□□ 를 발휘해야 해.

4) 안중근 □□ 의 마지막 말은 너무 감동적이에요.

④ 문장에 어울리는 낱말을 골라 ○표 하세요.

1) 안과 밖이라는 낱말은 서로 (유의어 / 반의어) 관계에 있어.

2) 유비, 관우, 장비는 (도원결의 / 대의멸친)을(를) 통해 형제가 되었다.

3) (정의 / 불의) 사회를 만들기 위해 이번 선거에 나온 김돌순입니다.

⑤ 빈칸에 들어갈 알맞은 낱말을 써넣으세요.

> 😊 : 이 책 좀 봐.
>
> 😮 : 계백 장군은 신라와 전쟁에 나가기 전에 가족을 자기 손으로 죽이고, 죽을 각오로 싸웠다고?
>
> 😊 : 아무리 □□□□(이)라도 난 좀 으스스하다.

□ □ □ □

⑥ 사다리를 타고 가서, 어울리는 단어를 [보기]에서 찾아 빈칸에 써넣으세요.

[보기] 의무   동의어   신의   의용

1) 믿음과 의리   2) 의를 위해 일어난 용기   3) 마땅히 해야 할 일   4) '의자 = 걸상'과 같이 뜻이 같은 말

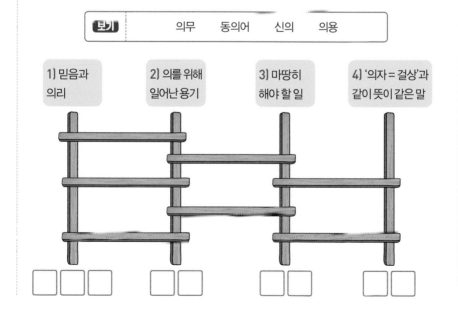

□ □ □   □ □   □ □   □ □

| 신의 |
| 의무 |
| 의형제 |
| 의남매 |
| 도원결의 |
| 동의어 |
| 반의어 |
| 유의어 |
| 주의 |
| 인도주의 |
| 이기주의 |
| 이타주의 |
| 박애주의 |

윽, 냄새! 강물이 오염됐나 봐

오 염

공장에서 오물을 몰래 버리고 있어! 강물이 **오염**되겠어!!!

윽, 내 코도 **오염**될 것 같아

"윽, 지독한 냄새!" 근처 강물의 오염이 심한가 봐요. 지난 밤 공장에서 강물에 오물을 몰래 버렸다는데, 그래서일까요? 오염은 '더러울 오(汚)'와 '물들 염(染)'이 합쳐져 더러움을 물들인다는 뜻이에요. 오물은 더러운 물질을 뜻하고요. 지금부터 더러움을 뜻하는 오(汚)가 붙은 낱말들을 알아봐요.

오염된 것을 나타내는 말, 말, 말!

오수는 더러운 물, 오취는 더러운 냄새예요.
사람이 사는 환경이나 자연환경이 각종 시설이나 개발로 인해 더러워지는 것은 환경 오염이에요.
그 중 수질 오염은 물이 오염되는 것, 해양 오염은 바다가 오염되는 것이에요.
바닷물이 오염되어 플랑크톤으로 인해 붉은색을 띠게 되는 것은 적조 현상이라고 해요.
농약이나 화학 비료, 쓰레기 등으로 땅이 오염되는 것은 토양 오염,
원자력 발전소에서 방사성 물질이 나와 주변이 방사능에 노출되어 오염되면 방사능 오염,
미세 먼지, 매연 등으로 공기가 오염되는 것은 대기 오염이에요.

汚 더러울 오	染 물들 염
공기, 물 등이 더러워지는 것	

- **오물**(汚 物물건 물)
  더러운 물질
- **오수**(汚 水물 수)
  오염된 물
- **오취**(汚 臭냄새 취)
  더러운 냄새
- **환경 오염**
  (環두를 환 境지경 경 汚染)
- **수질 오염**(水 質바탕질 汚染)
- **해양 오염**
  (海바다 해 洋바다 양 汚染)
- **적조 현상**(赤붉을 적 潮밀물 조 現나타날 현 象코끼리 상)
  바닷물이 오염되어 플랑크톤으로 인해 붉은빛을 띠는 현상
- **토양 오염**
  (土흙 토 壤흙 양 汚染)

대기 오염의 주범은 공장이나 자동차에서 나오는 스모그인데, 연기
(smoke)와 안개(fog)를 붙인 말이에요. 안개처럼 도시 위를 스모
그가 뒤덮고 있으면 마치 온실 속에 있는 것처럼 계속해서 온도가
올라가게 되지요. 이런 현상을 온실 효과라고 해요. 또 지구의 표면
온도가 올라가는 현상은 지구 온난화라고 해요.

몸에 쌓이는 오염 물질을 나타내는 말, 말, 말!

자연환경이 오염되면 우리의 건강도 위험해져요. 우리의 몸속에 쌓
여서 건강을 위협하는 오염 물질이 많이 있거든요. 오염 물질은 오
염을 시키는 물질이에요.

수은이나 납, 카드뮴 같은 중금속은 토양이나 물을 통해 식물, 생선
을 거쳐 우리의 몸에 쌓여 병을 유발해요. 이것을 중금속 오염 또는
식품 오염이라고 해요.

농약이나 플라스틱 등에서 나오는 환경 호르몬은 우리 몸속에서 호
르몬처럼 작용해 암이나 기형
을 유발해요.

DDT는 농약이나 살충제를
뜻하는데, 생물의 몸에 들어
가면 빠져나가지 않고 쌓이게
되어 생태계가 심각하게 파괴
된답니다. 그러니 우리는 환
경을 보호하고 지켜야겠죠?

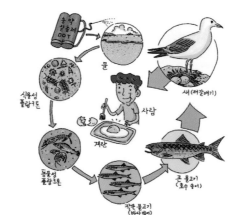

방사능 오염(放놓을 방 射쏠 사 能능할 능 汚染)
원자력 폐기물로 인한 오염

대기 오염
(大클 대 氣기운 기 汚染)

스모그(smog)
매연이 도시를 감싸고 있는 것

온실 효과(溫따뜻할 온 室방 실 效나타낼 효 果결과 과)
온실 속처럼 온도가 올라가 도
시가 더워지는 현상

지구 온난화(地땅 지 球공 구 溫暖따뜻할 난 化될 화)
지구 표면 온도가 올라가 지구
가 따뜻해지는 것

오염물질(汚染物 質바탕질)

중금속 오염(重무거울 중 金
쇠금 屬무리 속 汚染)
중금속으로 인한 오염

식품 오염
(食밥 식 品물건품 汚染)
중금속 등 식품이 오염되는 것

환경 호르몬
(環境 hormone)
환경 오염으로 생겨난 인체에
이상을 일으키는 물질

DDT
생물에게 해를 끼치는 살충제

색깔을 분리할 때는 크로마토그래피로!

색마다 이동하는 속도가 달라!

크로마토그래피, 크레이터… 토마토 이름 같기도 하고, 크래커 이름 같기도 하고. 무슨 말이 이렇게 길고 어려울까요? 크로마토그래피는 색을 의미하는데 크로마토(chromato)와 그래프(graph)를 합친 말이에요. 그러니까 색 그림을 통해 어떤 물질의 성분을 분리하는 방법이지요. 분필에 사인펜으로 점을 찍고 물에 적시면 색마다 이동하는 속도가 달라서 무늬가 생기며 색이 분리되거든요. 지금부터 외국에서 들어온 과학 용어를 알아봐요.

원래 뜻을 알면 어렵지 않은 과학 용어

드라이아이스(dry ice) = 드라이(dry : 마른) + 아이스(ice : 얼음)
➡ 마른 얼음(고체로 된 이산화탄소)
바이메탈(bimetal) = 바이(bi : 두 개) + 메탈(metal : 금속)
➡ 두 개의 금속으로 된 부품

크레이터(crater)는 달이나 행성 표면에 있는 크고 작은 구덩이를 말해요. 와인과 물을 섞는 그릇인 크라테르(krater)라는 그리스어에서 나온 말이지요.

크로마토그래피
chromatography

물질의 이동 속도를 이용한 혼합물 분리법

■ **드라이아이스**(dry ice)
■ **바이메탈**(bimetal)
열에 대한 팽창률이 다른 두 금속으로 된 부품
■ **크레이터**(crater)
행성 표면의 크고 작은 구덩이
■ **플라스틱**(plastic)
열과 압력으로 모양을 변형시킬 수 있는 물질
■ **바이러스**(virus)
생물에 기생하며 병을 일으키는 미생물
■ **항생제**(抗 막을 항 生 날생 劑 조절할 제)
세균의 발육과 번식을 억제하는 물질로 만든 약

플라스틱도 그리스어로 성형하기 알맞다는 뜻의 플라스티코스(plastikos)에서 유래한 말이에요. 열과 압력으로 어떤 모양이든 변형시킬 수 있는 물질이라 플라스틱이라고 부르는 거예요.

물과 와인을 섞는 그릇에서 나온 말이지!

크레이터(crater)

크라테르(krater)

'독'을 뜻하는 라틴어인 비루스(virus)라는 말에서 시작된 바이러스는 동물, 식물, 세포 등에 기생하며 병을 일으키는 미생물을 말해요.

알아두면 똑똑해지는 과학 외래어

세균은 바이러스보다 크기가 더 커요. 이 세균에 의한 질병은 푸른 곰팡이를 배양하여 얻은 항생제인 페니실린으로 고쳐요. 이런 물질을 현미경으로 관찰할 때는 슬라이드 글라스 위에 얹어 표본을 만들어 관찰해요. 이런 표본을 프레파라트라고 하지요.

전기가 많이 흘러 열이 나면 스스로 녹아 전류를 차단시키는 장치는 퓨즈, 플러그를 끼워 전기가 흐르게 하는 콘센트, 어두울 때 불을 켜는 전구 속의 가는 금속선은 필라멘트라고 하지요.

햇빛이 프리즘을 통과하면 빛이 분신되어 빨주노초파남보의 아름다운 색깔 띠가 나타나는데, 이를 스펙트럼이라고 해요.

계산할 때 바코드 찍는 레이저는 퍼지지 않으나 세기가 아주 강하고 멀리까지 전달되는 단색의 빛이랍니다.

■ **페니실린(penicillin)**
푸른곰팡이에서 얻은 항생제

■ **프레파라트(preparat)**
현미경으로 관찰하기 위해 만든 표본

■ **퓨즈(fuse)**
전기가 많이 흐르면 전류가 차단되는 안전장치

■ **콘센트**
플러그를 꽂고 전기가 통하게 하는 장치

■ **필라멘트(filament)**
전구 속에 있는 가는 금속선

■ **프리즘(prism)**
빛을 분산시키는 도구

■ **스펙트럼(spectrum)**
햇빛을 프리즘에 통과시켰을 때 나타나는 여러 가지 색깔 띠

■ **레이저(laser)**
세기가 아주 강하고 멀리까지 전달되는 단색의 빛

🔔 **레이저(LASER)**
Light Amplification by Stimulated Emission of Radiation(유도 방출 복사에 의한 빛의 증폭)
= LASER(레이저) 앞 글자만 따서 만든 단어예요.

드라이아이스 바이메탈 크레이터 퓨즈
플라스틱 페니실린 필라멘트 스펙트럼

1 공통으로 들어갈 낱말을 쓰세요.

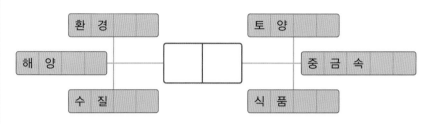

오염	
오물	
오수	
오취	
환경 오염	
수질 오염	
해양 오염	
적조 현상	
토양 오염	
방사능 오염	
대기 오염	
스모그	
온실 효과	
지구 온난화	
오염 물질	
중금속 오염	
식품 오염	
환경 호르몬	
DDT	

2 주어진 낱말을 넣어 문장을 완성하세요.

1)
오 물
수

□□은 더러운 물질, □□는 더러운 물을 말해요.

2)
환
경
오 염
염

□□은 공기, 물 등이 더러워지는 것이에요. 특히 사람이 사는 환경이나 자연환경이 각종 교통 시설이나 개발로 인해 더러워진 것은 □□□□이라고 해요.

3 문장에 어울리는 낱말을 골라 ○표 하세요.

1) (DDT / 중금속)은(는) 생물에게 해를 끼치는 살충제이자 농약이에요.

2) 바닷물이 오염되어 붉은빛을 띠게 되는 현상은 (스모그 / 적조 현상)이지요.

3) 환경 오염으로 인체에 이상을 일으키는 물질은 (방사능 / 환경 호르몬)이에요.

4 예문에 어울리는 낱말을 써넣으세요. [과학]

스모그가 도시 위를 덮으면 마치 온실 속에 있는 것처럼 더워지는데 이것을 □□□□라고 합니다. 이렇게 해서 지구의 표면 온도가 점점 올라가는 현상은 □□□□□ 현상이라고 부릅니다.

씨낱말 블록 맞추기

크 로 마 토
그 래 피

① 설명을 보고, 알맞은 낱말을 쓰세요.

1) 색 그림을 통해 어떤 물질의 성분을 분리하는 방법 → ☐☐☐☐☐☐☐

2) 달이나 행성 표면에 있는 크고 작은 구덩이 → ☐☐☐☐

② 주어진 낱말을 넣어 문장을 완성하세요.

1)
프	리	즘
레		
파		
라		
트		

☐☐☐은 유리나 수정으로 만든 빛을 분산시키는 도구이고, ☐☐☐☐☐는 현미경으로 관찰하고자 하는 물질을 얇은 유리판 위에 얹어 만든 표본을 말하지요.

2)
		콘
		센
필	라	멘	트

전기를 아끼려면 전기 제품을 다 끄는 것에 그치지 말고 ☐☐☐까지 뽑아야 해. 전구 속에 빛이 통하는 가느다란 금속선이 바로 ☐☐☐☐야.

③ 문장에 어울리는 낱말을 골라 ○표 하세요.

1) 푸른곰팡이를 배양하여 얻은 항생제는 (페니실린 / 바이러스)(이)야.

2) 아이스크림 가게에서 이동하는 동안 아이스크림이 녹지 말라고 (드라이아이스 / 바이메탈)을(를) 넣어 주었어.

3) (바이러스 / 크레이터)는 현재까지 알려진 것 중에 가장 작은 생명체야.

| 크로마토그래피 |
| 드라이아이스 |
| 바이메탈 |
| 크레이터 |
| 플라스틱 |
| 바이러스 |
| 항생제 |
| 페니실린 |
| 프레파라트 |
| 퓨즈 |
| 콘센트 |
| 필라멘트 |
| 프리즘 |
| 스펙트럼 |
| 레이저 |

UNEP와 UN은 모두 다 국제기구

UN(유엔)은 United(연합) Nation(국가)의 앞 글자를 딴 거랍니다. 국제 연합이라고 하지요. 국가들의 연합으로 전쟁 방지와 평화 유지를 위해 창설한 국제 평화 기구예요. UNEP(유네프)도 United Nation(국제 연합) Environment(환경) Program(계획)의 앞 글자를 딴 이름이에요. 환경 문제를 해결하고자 만든 국제 연합 환경 계획 국제 기구예요. 국제기구란 여러 국가들이 합의에 의해 만든 국제 협력체로, 세계 전체가 해결해야 할 문제들을 논의하고 실행해요.

UN에 속한 국제기구들

United(연합)란 '서로 연결해서 힘을 합쳤다'는 의미가 있어요. UN은 주로 유엔(국제 연합) 소속의 기구임을 나타내죠. UN에 속한 국제기구에 대해 알아볼까요?

> **UNICEF(유니세프) : 국제 연합 아동 기금**
> United Nations International(국제 연합) Children's(아동의) Fund(기금)
> → 아동의 보건·영양·교육에 대해 지원하고 있어요.
> **UNESCO(유네스코) : 유엔 교육 과학 문화 기구**
> United Nation(국제 연합) Education(교육적인) Scientific(과학의) and Cultural(문화의) Organizations(조직)

UNEP
국제 연합 환경 계획

환경 문제를 논의한 국제기구

- **UN(국제 연합)**
제2차 세계 대전 이후 전쟁 방지와 평화 유지를 위해 창설한 국제기구
- **국제기구(國** 나라 국 **際** 사이 제 **機** 틀 기 **構** 얽을 구)
주권을 가진 두 개 이상의 국가가 합의에 의해 국제법에 따라 만든 국제 협력체
- **UNICEF(국제 연합 아동 기금)**
아동의 보건·영양·교육에 대해 지원하는 국제 연합 특별 기구
- **UNESCO(유엔 교육 과학 문화 기구)**
인류가 보존할 문화, 자연 유산을 세계 유산으로 지정 보호하는 국제 연합

→ 인류가 보존할 문화, 자연 유산을 세계 문화유산으로 지정해 보호하고 있어요.

여러 가지 국제기구

UN 소속이 아닌 국제기구도 소개할까요?

유럽의 정치, 경제적 통합을 실현하기 위해 출범한 유럽연합이야!

EU : 유럽 연합
European(유럽의) Union(연합)
→ 유럽의 정치, 경제적 통합을 실현하기 위해 만든 기구예요.

OECD : 경제 협력 개발 기구
Organization(조직) for Economic(경제의) Cooperation(협력) and Development(개발)
→ 주요 선진 공업국들이 경제 협력과 개발을 위해 만든 기구예요.

WTO : 세계 무역 기구
World(세계) Trade(무역) Organization(조직)
→ 세계 무역 질서를 세우고, 우루과이라운드 협정 이행을 감시하는 국제기구이지요.

OPEC : 석유 수출국 기구
Organization(조직) of Petroleum(석유) Exporting(수출하는) Countries(국가들)
→ 석유가 나는 나라끼리 석유 정책을 조정하고 석유 시장을 보호하고자 만든 기구예요.

IOC : 국제 올림픽 위원회
International(국제적인) Olympic(올림픽) Committee(위원회)
→ 올림픽을 주최하지요.

IMF : 국제 통화 기금
International(국제적인) Monetary(통화) Fund(기금)
→ 공동 기금을 만들어 세계 각국이 경제적 번영을 이루도록 도와요.

■ **EU(유럽 연합)** 유럽의 정치, 경제적 통합을 실현하기 위해 만든 기구

■ **OECD(경제 협력 개발 기구)** 선진 공업국들이 경제협력과 개발을 위해 만든 국제 경제 협력 기구

■ **WTO(세계 무역 기구)** 세계 무역 질서를 세우고, 우루과이라운드 협정 이행을 감시하는 국제기구

■ **OPEC(석유 수출국 기구)** 석유가 나는 나라끼리 석유시장을 보호하고자 만든 기구

■ **IOC(국제 올림픽 위원회)** 올림픽 대회를 주최하는 국제 조직

■ **IMF(국제 통화 기금)** 경제적 번영을 이루도록 만든 국제 연합의 전문 기관

UNICEF	UNESCO	IOC
국제 연합 아동 기금	유엔 교육 과학 문화 기구	국제 올림픽 위원회
OECD	WTO	OPEC	IMF
경제 협력 개발 기구	세계 무역 기구	석유 수출국 기구	국제 통화 기금

다툼을 해결하는 재판

재 판

> 이봐요, 내가 뭘 잘못했다고 지금 이러는 거야?

> 흥! **재판**에서 보자고! 어디 누가 잘못했는지 두고 봐!

층간 소음으로 인해 이웃 간의 서로 다툼이 일어났어요. 해결이 되지 않아서 법원이나 법관에게 판단을 내려 달라고 한다는군요. 이렇게 법원에서 사건을 법률에 따라 판단하는 일을 재판이라고 해요. 재판의 판(判)은 옳고 그름을 살펴 판단한다는 말이에요. 여기에서는 재판에 관련된 낱말을 살펴볼 거예요.

재판과 관련된 말, 말, 말!

재판과 관련된 말에는 '판단할 판(判)'을 사용해요.
판결은 법원에서 죄가 있고 없음을 법에 따라 결정하는 것이에요.
그런데 재판에도 여러 종류와 여러 제도가 있어요.
개인과 개인 사이의 벌어지는 문제를 해결하기 위한 민사 재판,
죄를 지은 사람이 죄가 있는지 없는지를 가리기 위한 형사 재판,
행정 관청이 잘못해서 손해를 본 사람이 요구하는 재판은 행정 재판
이라고 해요.
우리나라에는 한 사건에 대해 세 번까지 재판을 받을 수 있는 삼심
(三審) 제도가 있어요.
처음 재판은 1심, 지방 법원에서 이루어져요.

裁 결정할 재 | 判 판단할 판

법원에서 사건을 법률에 따라 판단하는 일

■ **판결**(判 決결정할 결)
법원에서 죄가 있고 없음을 법에 따라 결정하는 것

■ **민사 재판**
(民백성 민 事일 사 裁判)
개인 간의 문제를 해결하는 재판

■ **형사 재판**(刑형벌 형 事裁判)
죄가 있고 없음을 가리는 재판

■ **행정 재판**
(行행할 행 政정사 정 裁判)
행정 관청의 잘못을 가리는 재판

■ **삼심 제도**(三석 삼 審살필 심
制만들 제 度법도 도)
한 사건에 대해 세 번의 재판을 받을 수 있는 제도

지방 법원에서 내린 1심 판결을 따를 수 없으면 다시 판결해 달라고 요청할 수 있어요. 이것을 항소라고 해요.

두 번째 재판은 2심, 고등 법원에서 이루어져요.

이 판결도 억울하다 싶으면 다시 재판을 청할 수 있는 것을 상고라고 하지요. 상고에 의해 열리는 세 번째 재판은 3심이고, 우리나라 최고 법원인 대법원에서 열린답니다.

재판에 참석하는 사람들

재판에는 여러 사람이 참석해요.

먼저 법원에서 법률에 근거해 판결을 내리는 사람은 판사라고 해요.

재판을 청하는 사람은 원고,

재판을 당하는 사람은 '당할 피(被)'를 써서 피고예요.

검사에 맞서 재판 받는 사람의 편에 서서 변호하는 변호사,

범죄 사건을 조사하여 재판과 처벌을 요청하는 사람은 검사예요.

검사가 특정한 형사 사건에 대하여 법원에 재판을 청구하는 일은 기소,

법에 따라 판단하고 심판하는 일은 법을 맡아 행한다고 하여 '맡을 사(司)'를 붙여 사법,

사법을 맡아 적용하는 국가 기관은 사법부예요.

지방 법원(地땅 지 方곳 방 法법 법 院집 원)
1심 재판이 열리는 각 지방의 법원

항소(抗대항할 항 訴호소할 소)
1심 판결에 따르지 않고 다시 재판을 요청함

고등 법원(高높을 고 等등급 등 法院)
2심이 이루어지는 법원

상고(上위 상 告소송할 고)
2심 판결에 따르지 않고 다시 재판을 요청함

대법원(大클 대 法院)
3심을 맡는 최고 법원

판사(判 事직업 사)

원고(原원래 원 告)
재판을 요청한 사람

피고(被당할 피 告)
재판을 당한 사람

변호사(辯감쌀 변 護지킬 호 士)

검사(檢조사할 검 事)
범죄 사건을 조사하여 재판과 처벌을 요청하는 사람

기소(起일어날 기 訴)
검사가 특정한 형사 사건에 대해 법원에 재판을 청구하는 일

사법(司 맡을 사 法)
법에 따라 판단하고 심판하는 일

사법부(司法 府기관 부)

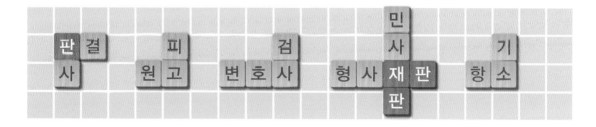

1 설명을 보고, 알맞은 낱말을 쓰세요.

1) 환경 문제를 해결하고자 만든
국제 연합 환경 계획 → ☐ ☐ ☐ ☐

2) 전쟁 방지와 평화 유지를 위해
창설한 국제 평화 기구 → ☐ ☐

2 주어진 낱말을 넣어 문장을 완성하세요.

1)
```
O E C D
P
E
C
```
☐ ☐ ☐ ☐ 는 주요 선진 공업국들이 경
제 협력과 개발을 위해 만든 기구이고, ☐ ☐
☐ ☐ 는 석유가 나는 나라끼리 석유 시장을 보
호하고자 만든 기구야.

2)
```
U N I C E F
N
E
S
C
O
```
나는 얼마 전 ☐ ☐ ☐ ☐ ☐
☐ 를 통해 난민 어린이 돕기에 참여했
어.

수원 화성이 ☐ ☐ ☐ ☐ ☐
☐ 세계 문화유산으로 지정되었어.

3 문장에 어울리는 낱말을 골라 ○표 하세요.

1) 국제 연합 환경 계획(UNESCO / UNEP)는 환경 문제를 해결하고자
만든 국제기구야.

2) 세계 무역 질서를 세우고 우루과이라운드 협정 이행을 감시하는 국제기
구는 (WTO / IMF)야.

UNEP

UN

국제기구

UNICEF

UNESCO

EU

OECD

WTO

OPEC

IOC

IMF

1 설명을 보고, 알맞은 낱말을 쓰세요.

법원에서 사건을 법률에 따라 판단하는 일 → ☐☐

2 주어진 낱말을 넣어 문장을 완성하세요.

1) | 사 | 법 | 부 |
   | 법 |

법을 맡아 시행하는 것은 ☐☐, 사법을 맡아 적용하는 국가 기관은 ☐☐☐ 라고 해.

2) | | | 검 |
   | 변 | 호 | 사 |

범죄 사건을 조사하여 재판과 처벌을 요청하는 사람은 ☐☐, 법정에서 검사에 맞서 재판 받는 사람의 편을 들어주는 사람은 ☐☐☐예요.

3) | | 원 |
   | 피 | 고 |

재판을 요청한 사람은 ☐☐, 재판을 당한 사람은 ☐☐예요.

3 문장에 어울리는 낱말을 골라 ○표 하세요.

1) 윗집과의 층간 소음 문제는 (민사 재판 / 형사 재판)으로까지 이어졌다.

2) 국민 참여 재판을 방청하기 위해 1심이 열리는 (지방 법원 / 고등 법원)에 와 있다.

3) 검사는 그 사기꾼을 (기소 / 항소)하여 재판에 회부했다.

4 예문에 어울리는 낱말을 써넣으세요. [사회]

우리나라는 혹시나 재판이 잘못되어 무고한 사람이 벌을 받지 않도록 세 번 재판을 받을 수 있는 ☐☐ ☐☐가 있다. 1심은 지방 법원, 여기서 억울하면 ☐☐를 하여 고등 법원에서 2심을 받는다. 여기서도 억울하면 ☐☐를 하여 대법원에서 3심을 받을 수 있다.

| 재판 |
| 판결 |
| 민사 재판 |
| 형사 재판 |
| 행정 재판 |
| 삼심 제도 |
| 지방 법원 |
| 항소 |
| 고등 법원 |
| 상고 |
| 대법원 |
| 판사 |
| 원고 |
| 피고 |
| 변호사 |
| 검사 |
| 기소 |
| 사법 |
| 사법부 |

김구에서 나석주까지!

역사인물
ㄱ~ㄴ

우리나라만의 정부가 꼭 필요하니, 임시 정부를 세웁시다! 당신이 대표를 하세요!

그럼 파리 평화 회의에 가서 일본의 침략을 세계에 알려야겠어요!

백범 김구 선생은 일본에 나라를 빼앗기자 광복과 통일을 위해 애쓰다 암살 당한 민족 지도자예요. 1919년 중국 상하이에 대한민국 임시 정부를 세우는 데 참여하였지요. 이는 우리나라 최초의 정부로 독립운동을 이끌어 가는 중심점이 되었어요. 김규식은 임시 정부 대표로 1919년 파리 평화 회의에 참석하여 일본의 한국 침략을 규탄한 분이에요.

이제는 훌륭한 일을 했던 역사 인물에 대해 알아볼까요?

김춘추에서 궁예까지

김춘추는 태종 무열왕으로, 삼국 통일의 기초를 닦은 왕이에요.

김유신은 무열왕 김춘추를 도와 삼국 통일을 위해 싸웠어요. 기나긴 전쟁이 끝나자

문무왕

아팠던 몸이 싹 낫는군!

김유신

삐비리리리...

만세! 만파식적을 불었더니 적군이 물러간다!!

와 와

문무왕 때에 삼국 통일을 이루었지요. 통일 신라 시대 신문왕 때부터 내려오는 전설의 피리 만파식적 이야기가 있어요. 바다 용이 된

김구
(1876~1949)

대한민국 임시 정부 주석, 민족 지도자

대한민국 임시 정부
1919년 광복을 위해 상하이에 세운 우리나라 최초의 정부

김규식(1881~1950)
임시 정부 대표로 1919년 파리 평화 회의에 참석한 독립운동가

김춘추(604~661)
김유신과 삼국 통일의 기초를 닦음

김유신(595~673)
신라의 삼국 통일 기반을 다진 인물

만파식적(萬 일만 만 波 물결 파 息 쉴 식 笛 피리 적)
대나무로 만든 전설 속의 피리

문무왕과 하늘의 신이 된 김유신이 마음을 합하여 대나무로 만든 피리를 세상 사람들에게 보냈어요. 이것을 불면 적의 군사가 물러가고 병이 낫고, 온갖 소원이 이루어졌대요.

계백은 백제를 지키려고 최후까지 싸웠던 장수이고,

견훤은 옛 백제 지역에 나라를 세우고 후백제라고 했어요.

궁예는 강원도와 경기도, 황해도 지역에 나라를 세웠어요. 후고구려였지요.

김득신에서 나석주까지

김득신이라고 들어본 적 있는 사람! 김득신은 영조 시대 최고의 풍속 화가, 인물 화가예요. 김홍도의 제자였지요.

김홍도는 조선 최고의 화가로 꼽히는데 풍속화로 가장 유명해요.

조선에는 유명한 지리학자 김정호가 있었어요. 평생을 바쳐 정밀한 지도와 지리서를 만드는 데 애썼어요. 〈대동여지도〉는 지금의 지도와 비교해도 손색이 없는 책이랍니다.

조선 말기가 되면서 나라는 개화를 하느냐 안 하느냐 몸살을 앓지요.

김옥균과 김홍집은 나라의 문을 열어 외국의 것을 받아들이자고 주장했어요. 김옥균은 급진 개화파로 갑신정변을, 김홍집은 갑오개혁을 주도했지요.

조선이 일본에 의해 강제로 국권을 빼앗기게 된 이후 일본은 동양 척식 주식회사를 만들어 우리나라 땅을 뺏으려는 계획을 세워요.

나석주는 일본에 저항해서 동양 척식 주식회사에 폭탄을 던졌어요.

계백(?~660)
백제 말기의 장군

견훤(867~936)
후백제를 세운 인물

궁예(?~918)
후고구려를 세운 인물

김득신(1754~1822)
조선 후기 풍속 화가, 인물 화가

김홍도(1745~?)
조선 후기 서민들의 생활상 그린 풍속 화가

김정호(?~1866)
〈대동여지도〉를 만든 인물

김옥균(1851~1894)
조선 후기 갑신정변을 주도한 급진 개화파

김홍집(1842~1896)
조선 후기 갑오개혁을 주도한 인물

동양 척식 주식회사
1908년 설립. 토지 조사 사업을 통해 우리 땅을 빼앗은 기관

나석주(1892~1926)
동양 척식 주식회사에 폭탄을 던진 독립운동가

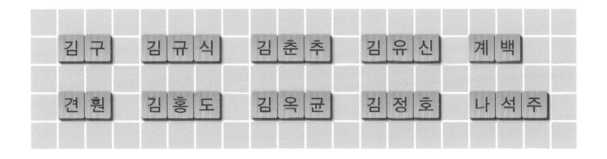

대조영부터 문익점까지!

역사인물
ㄷ ~ ㅂ

나, 대조영!
옛 고구려 땅에 당나라
대군을 몰아내고
발해를 건국했지!

대조영은 신라가 삼국을 통일하면서 멸망한 고구려의 사람이었어요. 대조영은 옛 고구려의 땅에 발해를 세웠어요. 한반도 북쪽은 발해, 남쪽은 통일 신라가 있어 이 시기를 남북국 시대라고 부른답니다. 남북극 시대의 뒤를 잇는 나라는 고려예요.

고려 때의 유명한 세 가지 난(亂)

고려 때에는 유명한 세 가지의 난이 있어요. 그 첫 번째가 묘청의 난(1135)이에요.

묘청은 승려예요. 개경의 토착 세력에 의해 나라가 좌지우지 되는 것을 막기 위해 수도를 서경으로 옮기자는 주장을 했지

노예들도
대접받는 세상을
만들자!!

만적

와 와
와

요. 하지만 실현되지 않아 묘청의 난을 일으키지요.
두 번째는 망이·망소이의 난(1176)이에요.
망이와 망소이는 천민으로 고려의 무신 정권 때 무거운 세금에 시달리다 참다 못해 반란을 일으켜요.

대조영
(?~719)

고구려의 유민으로 발해를 세움. 699~719년 동안 발해를 다스림

묘청의 난(1135)
고려 때 묘청이 일으킨 난

묘청(?~1135)
서경으로 도읍을 옮기자고 주장하며 난을 일으킨 고려 승려

망이·망소이의 난(1176)
고려 때 망이·망소이가 일으킨 난

망이·망소이
1176년 고려 무신 정권 때 농민 봉기를 일으킨 형제

만적의 난(1198)
고려 때 만적이 일으킨 난

만적(?~1198)
고려 신종 때 최충헌의 사노비로 신분 해방 운동을 시도한 인물

낭이·방소이의 난이 농민들의 지지를 얻으며 힘이 커지자 나라는 세금을 줄여 주는 척 이들을 속인 후 공격하여 진압을 하지요.

세 번째는 만적의 난(1198)이에요. 만적은 최충헌의 노비였지요. 고려 신종 때 노비의 신분을 없애기 위해 난을 일으키지만 실패로 끝났어요. 그러나 이 난은 우리나라 최초의 신분 해방 운동이고 시대를 앞서간 운동이라고 할 수 있지요.

역사에 이름을 남긴 사람들

문익점은 고려 말기의 문신으로 원나라에 다녀오면서 목화씨를 붓대 속에 넣어 가져왔어요. 덕분에 우리나라 사람들은 따뜻한 솜으로 겨울을 지낼 수 있게 되었지요.

아악을 정리, 편찬하고 종묘 제례악을 완성한 박연도 있어요.

실학 운동에 동참한 박지원은 조선 후기 상공업을 중심으로 개혁하자고 주장했던 실학자로 청의 분화와 과학의 수준을 수용하자고 주장했어요.

박지원의 제자 박제가는 청나라 문물과 학문을 배우기를 적극적으로 주장했지요.

조선 후기의 개화파 정치가로 갑신정변과 갑오개혁에 참여한 박영효, 일제가 국권을 강탈하자 중국으로 건너가 일제의 침략 과정과 우리나라 역사에 관한 책을 쓴 민족 사학자이자 독립운동가인 박은식이 있어요.

문익점(1329~1398)
고려 말기의 문신. 목화를 우리나라에 처음 들여 옴

박연(1378~1458)
조선 초기의 음악가. 아악을 정리해 악보로 편찬. 종묘 제례악을 완성함

박지원(1737~1805)
조선 후기 실학자

박제가(1750~1805)
조선 정조 때의 실학자

박영효(1861~1939)
조선 후기 개화파 정치가. 갑신정변, 갑오개혁 참여

박은식(1859~1925)
민족 사학자이자 녹립운동가. 일제의 침략 과정과 우리나라 역사를 책으로 씀

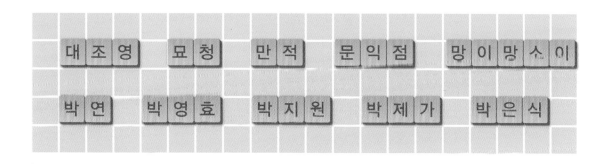

1 설명을 보고, 알맞은 역사 인물의 이름을 쓰세요.

일본에 나라를 빼앗기자 광복과 통일을 위해
대한민국 임시 정부를 세운 역사 인물 → ☐☐

2 [보기]를 보고, 다음 설명에 해당하는 인물의 이름을 쓰세요.

보기 김홍집   김규식   김구   김옥균

1) ☐☐는 일제 강점기에 대한민국 임시 정부를 세웠고,

☐☐☐은 임시 정부 대표로 파리 평화 회의에 참석했어.

2) ☐☐☐은 급진 개화파로 갑신정변을

☐☐☐은 갑오개혁을 주도했어.

3 문장에 어울리는 낱말을 골라 ○표 하세요.

1) 백제가 멸망하는 것을 막기 위해 최후까지 싸운 백제의 장군은 (견훤 /
계백)이에요.

2) (나석주 / 김규식)은(는) 동양 척식 주식회사에 폭탄을 던져 일본에 저항
했던 분이에요.

4 예문에 어울리는 낱말을 써넣으세요. [사회]

1910년 일본은 ☐☐ ☐☐ ☐☐☐☐를 세워 우
리나라 땅을 뺏으려는 계획을 세운다. 토지 조사를 핑계로 토지 주인들
에게 나라에 신고를 하게 하고, 신고가 안 된 모든 땅을 조선인들에게서
빼앗아 일본인들에게 넘겼다. 이 사업을 토지 조사 사업이라고 한다.

김구

대한민국
임시 정부

김규식

김춘추

김유신

만파식적

계백

견훤

궁예

김득신

김홍도

김정호

김옥균

김홍집

동양 척식
주식회사

나석주

씨낱말 블록 맞추기

역 사 인 물
ㄷ ~ ㅂ

① 설명을 보고, 알맞은 역사 인물의 이름을 쓰세요.

멸망한 고구려 땅을 차지한 당나라를
몰아내고 발해를 세운 역사 인물 → ☐ ☐ ☐

② [보기]를 보고, 다음 설명에 해당하는 인물의 이름을 쓰세요.

> **보기**　　박연　　박은식　　망이·망소이　　박영효

1) ☐ ☐ · ☐ ☐ ☐ 는 가혹한 세금에 시달리다 공주 명학소를 중
심으로 농민 봉기를 일으켰어.

2) ☐ ☐ 은 세종의 명에 따라 아악을 정리해 악보로 편찬했고,

☐ ☐ ☐ 는 갑신정변, 갑오개혁에 참여한 개화파 정치가야.

3) ☐ ☐ ☐ 은 일제의 침략 과정과 우리나라 역사를 쓴 민족 사학자야.

③ 문장에 어울리는 낱말을 골라 ○표 하세요.

1) (만적 / 묘청)의 난은 우리나라 최초의 신분 해방 운동이야.

2) 붓에 몰래 목화씨를 숨겨 들여온 사람은 (문익점 / 박지원)이야.

3) (묘청 / 대조영)은 당나라 대군을 몰아내고 그 땅에 발해를 세웠어.

④ 예문에 어울리는 낱말을 써넣으세요. [사회]

☐ ☐ ☐ 은 조선 후기 상공업을 중심으로 개혁을 주장했던 실
학자로 청의 문화와 과학의 수준을 수용하자고 주장했다. 그의 제자
☐ ☐ ☐ 도 실학자로 청나라 문물과 학문을 배우자고 적극적으
로 주장했다.

대조영
묘청의 난
묘청
망이·망소이의 난
망이·망소이
만적의 난
만적
문익점
박연
박지원
박제가
박영효
박은식

비교해서 나타내면 비율!

비 율

혼자 다 먹겠다는 건 아니겠지?

비율이 사과 1개당 배가 4개니 비가 1:4라는 걸 알 수 있지.

설마.

사과 2개 배 8개

비율은 '견줄 비(比)'와 '비례 율(率)'을 써서 일정한 양이나 수에 대해 다른 양이나 수가 어느 정도 되나 견준다는 말이에요. 사과에 대한 배의 비율이 1 : 4라면 사과가 1개일 때 배는 몇 개인지를 말하는 거예요. ' : ' 표시는 비를 나타낸 거예요. 앞에 있는 1은 비교하는 양, 뒤에 오는 4는 기준량이에요. 비의 값은 기준량을 1로 볼 때의 비율을 나타내요. 배가 1이 되려면 사과는 4로 나누어야 하고 비의 값은 1/4이 되는 것이죠. 소수로는 0.25가 되겠죠?

모든 것을 비교하는 비(比)

비교는 둘 이상의 것을 살피고 공통점 등을 찾는 일이죠.
3 : 4 : 5처럼 세 수 이상의 수를 연달아 비교한다고 해서 연비,
비에 맞게 나누는 것을 비례 배분이라고 해요.
예를 들어 가수 케이가 광고 수입으로 1억을 벌었어요. 케이의 소속사와 케이가 6 : 4의 비율로 수입을 나눈다면 소속사 6천만 원, 케이가 4천만 원을 가져요. 찍는 광고의 수가 늘어날수록 소속사와 케이의 수입도 늘어나겠죠?
여기서 비례는 한쪽의 양이나 수가 증가하는 만큼 그와 관련 있는

比
 견줄 비 | 率
 비례 율

다른 수나 양에 대한 어떤 수나 양의 비

■ **비교**(比 較견줄 교)
둘 이상의 것을 견주어 공통점 등을 찾는 일

■ **비**(比)
두 수의 양을 기호를 사용하여 나타내는 것

■ **비교하는 양**

■ **기준량**(基터 기 準준할 준 量 헤아릴 량)

■ **비의 값**
기준량을 1로 볼 때의 비율

■ **연비**(連연결할 연 比)
세 개 이상의 수나 양의 비율을 연속해서 나타낸 것

다른 쪽의 [.....]이나 [..]도 증가해요.

이처럼 두 양이 같은 비율로 늘거나 주는 것을 정비례라고 해요.

그런데 이 광고로 빈 수입을 함께 일한 사람들과 똑같이 나누면 사람이 많을수록 각자 가질 수 있는 수입이 줄겠지요?

이렇게 한쪽의 양이 커질 때 그와 같은 비로 작아지는 관계를 반비례라고 하지요.

황금비는 고대 그리스 때부터 가장 안정감 있고 균형 있다고 생각한 비율 1 : 1.618 을 말해요.

확률, 백분율, 환율, 모든 것의 율(率)!

백분율은 기준량이 100일 때의 비율을 말해요. 만약 지민이가 10일 동안 3일을 지각을 했다면, 100일이면 30번 지각하는 거예요. 100분의 30이기 때문에 지민이의 지각률은 30퍼센트(%)라고 할 수 있어요. 퍼센트(%)는 백분율을 나타내는 단위예요.

확률은 어떤 일이 일어날 확실성의 정도를 말해요.

환율은 세계 각국의 돈을 서로 바꿀 때 적용하는 비율을 말하지요.

경제 성장률은 일정 기간(보통 1년) 동안 국민 총생산 또는 국민 소득의 실질적인 증가율을 말해요.

■ **비례 배분**(比 例법식 례 配 나눌 배 分나눌 분)
전체를 주어진 비만큼 나누는 것

■ **비례**(比例)

■ **정비례**(正바를 정 比例)
두 양이 서로 같은 비율로 늘거나 주는 일

■ **반비례**(反반대 반 比例)
한쪽의 양이 커질 때 그와 같은 비로 작아지는 관계

■ **황금비**(黃누를 황 金쇠금 比)
예부터 가장 안정감 있고 균형 있다고 생각한 비율 1 : 1.618

■ **백분율**(百일백 백 分率)
기준량을 100으로 할 때의 비율 = 퍼센트(%, percent)

■ **확률**(確분명할 확 率)
어떤 일이 일어날 확실성의 정도

■ **환율**(換바꿀 환 率)
세계 각국의 돈을 서로 바꿀 때 적용하는 비율

■ **경제 성장률**(經날 경 濟건널 제 成이룰 성 長길 장 率)
일정 기간 동안 국민 총생산 또는 국민 소득의 실질적인 증가율

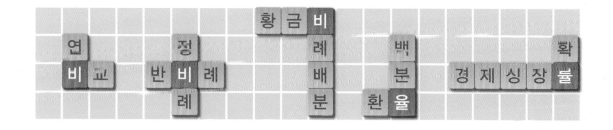

소리에 곡을 붙여 악곡을 만들어요!

음악은 소리를 가지고 하는 예술이에요. '음악 악(樂)'에 '가락 곡(曲)'을 붙이면 악곡이 되지요. 악곡은 사람이 부르거나 악기로 연주하기 위한 곡이에요. 노래 한 곡 불러 봐라, 이 곡은 어떻다 저 곡은 어떻다 할 때의 그 '곡'이에요. 곡조는 노랫가락을 말하지요.

서양 음악도 가지가지!

곡(曲)이 들어간 단어를 알아볼까요?
사람이 부르려고 만든 곡은 성악곡이라고 해요. 성악은 독창, 합창처럼 사람 목소리로 하는 음악이에요.
문학적인 시에 음악이 결합한 독특한 형태의 성악곡은 예술가☐,
악기로 연주하려고 만든 곡은 기악☐,
피아노, 바이올린 같은 독주 악기에 관현악을 곁들여 연주하는 음악은 협주☐,
관악기, 타악기, 현악기들로 함께 연주하려고 만든 곡은 교향☐.
오페라 같은 극음악이 시작되기 전까지 연주하는 음악은 서☐
짧은 곡을 여러 개 모아서 한 작품으로 만든 것은 모음☐이에요.
행진할 때 연주하는 음악은 행진☐이지요.

樂	曲
음악 악	노래 곡
사람이 부르거나 악기로 연주하는 곡	

- **음악**(音소리 음 樂)
- **곡조**(曲 調가락 조)
- **성악곡**(聲소리 성 樂曲)
  사람 목소리로 부르려고 만든 곡
- **예술가곡**(藝재주 예 術재주 술 歌노래 가 曲)
  시에 음악이 결합한 성악곡
- **기악곡**(器그릇 기 樂曲)
  악기로 연주하려고 만든 곡
- **협주곡**(協맞을 협 奏아뢸 주 曲)
  독주 악기에 관현악을 곁들여 연주하는 곡
- **교향곡**(交사귈 교 響울림 향 曲)
  관악기, 타악기, 현악기들로 함께 연주하려고 만든 긴 곡

130

여러 개 악곡을 하나로 조합해 만든 기악곡으로 차이콥스키 〈호두까기 인형〉 같은 곡은 조 ☐ 이라고 하지요. 이처럼 곡이 붙으면 연주곡 자체를 말하기도 하고 노래나 연주곡을 세는 단위가 되기도 하지요.

춤을 출 때 박자에 맞춰 추게 만든 곡은 춤곡이에요.

우리나라 음악도 가지가지!

우리나라 음악은 국악이에요. 국악도 여러 가지가 있어요.

우리 고유의 가곡은 별곡이에요. 그중 3대 성악곡은 범패, 판소리, 가곡을 말해요.

범패는 절에서 재를 올릴 때 부르는 노래고요. 판소리는 긴 이야기를 북소리에 맞춰 노래로 들려주는 거예요.

가곡은 시에 가락을 붙인 노래로, 판소리와 함께 가장 예술성이 높은 음악으로 꼽히지요.

기악곡으로는 시나위가 있는데요 무당이 굿할 때 연주하던 음악에서 생겨났고요. 피리, 해금, 징, 장구, 북들과 함께 연주하는 곡이에요.

또 산조는 가야금, 거문고, 대금 같은 악기를 장구 반주에 맞추어 혼자 연주하는 곡이지요.

서곡(序차례 서 曲)
오페라 같은 극음악이 시작되기 전에 연주하는 곡

모음곡(曲)
짧은 곡을 여러 개 모아서 한 작품으로 만든 것

행진곡(行갈 행 進나아갈 진 曲)
행진할 때 연주하는 곡

조곡(組짤 조 曲)
여러 개 악곡을 하나로 조합해 만든 기악곡

춤곡
춤을 추기 위해 만든 곡

국악(國나라 국 樂음악 악)

별곡(別나눌 별 曲가락 곡)
우리나라 고유의 가곡

범패(梵범어 범 唄찬불 패)
절에서 재를 올릴 때 부르는 노래

판소리
긴 이야기를 북소리에 맞춰 노래로 들려주는 것

가곡(歌曲)
시에 가락을 붙인 노래

시나위
피리, 해금 등이 함께 연주하는 곡

산조(散거닐 산 調가락 조)
가야금, 거문고, 대금 같은 악기를 장구 반주에 맞추어 혼자 연주하는 곡

1 공통으로 들어갈 낱말을 쓰세요.

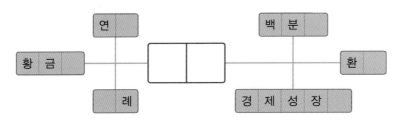

2 주어진 낱말을 넣어 문장을 완성하세요.

1)

	반	
정	비	례
	례	

두 양이 서로 같은 비율로 늘거나 주는 건 ☐☐ ☐, 한쪽의 양이 커질 때 그와 같은 비로 작아지는 관계는 ☐☐☐예요.

2)

	환
백 분	율

기준량을 100으로 할 때의 비율은 ☐☐☐, 세계 각국의 돈을 서로 바꿀 때 적용하는 비율은 ☐ ☐이야.

3 문장에 어울리는 낱말을 골라 ○표 하세요.

1) 액자, 엽서, 사진 같은 생활용품은 (황금비 / 연비)를 적용한 예에요.

2) 엄마, 제가 0점을 맞을 (환율 / 확률)은 0%예요.

3) 올해 우리나라는 국민 총생산이 늘어서 (경제 성장률 / 백분율)이 증가했다.

4 예문에 어울리는 낱말을 써넣으세요. [수학]

사과 1개, 배 4개는 1 : 4 . 이와 같이 ' : ' 표시를 해서 나타낸 것은 ☐ 라고 한다. 앞에 있는 1은 비교하는 양, 뒤에 오는 4는 ☐☐☐ 이다. 또 ☐☐☐ 을 1로 볼 때의 비율은 비의 값이라고 한다.

비율
비교
비
비교하는 양
기준량
비의 값
연비
비례 배분
비례
정비례
반비례
황금비
백분율
퍼센트
확률
환율
경제 성장률

씨낱말 블록 맞추기 악 곡

1 공통으로 들어갈 낱말을 쓰세요.

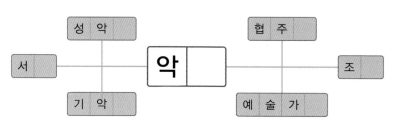

2 주어진 낱말을 넣어 문장을 완성하세요.

1) 악 / 곡 조

사람이 부르거나 악기로 연주하는 곡을 ☐☐이라고
해. 노랫가락은 ☐☐라고 하지.

2) 기 / 악 / 성 악 곡

사람 목소리로 부르려고 만든 곡은 ☐☐☐,
악기로 연주하려고 만든 곡은 ☐☐☐이에요.

3) 춤 / 행 진 곡

행진할 때 연주하는 음악은 ☐☐☐, 춤을 출
때 맞춰 추게 만든 곡은 ☐☐이에요.

3 문장에 어울리는 낱말을 골라 ○표 하세요.

1) 오페라가 시작되기 전에 먼저 (모음곡 / 서곡)이 연주되었어.

2) 이번 공연은 장구에 맞추어 혼자 연주하는 가야금 (산조 / 시나위)야.

4 예문에 어울리는 낱말을 써넣으세요. [음악]

우리나라의 성악곡은 크게 세 종류가 있다. ☐☐는 절에서 재를
올릴 때 부르는 노래이고, ☐☐☐는 긴 이야기를 북소리에 맞
추어 노래로 들려주는 것이다. ☐☐은 시에 가락을 붙인 노래로
판소리와 함께 가장 예술성이 높은 음악으로 꼽힌다.

음악
악곡
곡조
성악곡
예술가곡
기악곡
협주곡
교향곡
서곡
모음곡
행진곡
조곡
춤곡
국악
별곡
범패
판소리
가곡
시나위
산조

정답 | 143쪽

가로 열쇠

2) 눈을 비비고 상대를 다시 본다는 뜻으로 상대의 학식이나 능력 등이 몰라볼 정도로 성장했다는 뜻의 사자성어
4) 여러 개의 악곡을 하나로 조합해 만든 기악곡
6) 바닷물이 오염되어 플랑크톤이 많아져 바닷물의 색이 붉은빛을 띠는 현상을 뜻하는 말
7) 인종에 따라 대우를 달리하여 사람을 차별하는 것
10) 독주 악기에 관현악을 곁들여 같이 연주하는 음악을 뜻하는 말. 피아노 ○○○, 바이올린 ○○○ 등
12) 전체를 주어진 비만큼 나누는 것
13) 모든 과목의 지식을 모아 놓은 사전

세로 열쇠

1) 눈을 반대로 하여 마주치지도 않는다는 뜻으로 서로 미워함
3) 이웃끼리 서로 거들고 돕는 것을 뜻하는 사자성어
5) 고려 신종 때 노비였던 만적이 주도한 신분 해방 운동
7) 인종, 국적, 종교와 상관없이 인간을 존중하며 사회적인 약자와 곤궁한 사람을 돕는 사상
8) 특별한 종류. 독특한 말이나 행동을 하는 사람에게 사용하기도 함
9) 아주 특별한 것. "○○한 사이"는 매우 특별하고 친한 것
11) 서양에서 예전부터 가장 안정감과 균형이 있어 아름답다고 생각한 비율. 1:1.618 의 비율
13) 기준량을 100으로 할 때, 어떤 대상이 차지하는 비율
14) 사법권을 관장하여 법을 맡아 행하고 적용하는 국가 기관

1 밑줄 친 '제(制)'의 뜻이 다른 하나는? (   )   국어능력인증시험형

① 관제(管制)　　　　② 자제(自制)　　　　③ 절제(節制)

④ 제복(制服)　　　　⑤ 창제(創制)

2 밑줄 친 부분을 가장 적절한 한자어로 대체한 것은? (   )   국어능력인증시험형

① 한 순간에 몸의 모양이 바뀌어 나타났다. → 變心(변심)

② 모두 갖추어 부족함이나 흠이 전혀 없다. → 完遂(완수)

③ 뜻한 바를 크게 이뤄 고향으로 돌아왔다. → 贊成(찬성)

④ 캄캄한 어둠 속에서 또렷한 빛줄기가 나타났다. → 光速(광속)

⑤ 종교를 바꾼다는 건, 삶 자체가 바뀌는 걸 뜻한다. → 改宗(개종)

3 밑줄 친 낱말의 뜻이 바르지 않은 것은? (   )   국어능력인증시험형

① 역광 때문에 사진이 흐리게 나왔다. → 어떤 물체가 전자 빔 따위를 받았을 때 내는 고유한 빛

② 시기가 무르익어 사회 변혁의 순간이 왔다. → 완전히 달라지게 바뀜

③ 잘못된 습관을 개선하려는 노력이 필요하다. → 잘못된 것이나 부족한 것을 고쳐 더 좋게 만듦

④ 경호는 완치되었으니 퇴원해도 좋다는 말을 의사 선생님에게 들었다. → 병을 완전히 치료함

⑤ 영미는 분위기 조성을 하려는 듯, 실없이 웃곤 했다. → 힘이나 기술을 들여 만들어 냄

4 괄호 안의 한자가 바르지 않은 것은? (   )   KBS 한국어능력시험형

① 서광(光)　　　　② 개(改)편　　　　③ 임기응변(變)

④ 보완(完)　　　　⑤ 달성(星)

5 밑줄 친 낱말에 대한 설명이나 맥락으로 적절치 <u>않은</u> 것은? (   )

① 몸과 마음이 어른스러워지는 걸 <u>성숙</u>이라고 한단다.

② 하기 싫은 일을 <u>강제</u>로 하게 되면 자율성이 떨어지기 마련이지.

③ 우리나라가 일제 식민지에서 벗어난 날을 <u>제헌절</u>로 기리고 있어.

④ <u>과즉물탄개</u>란 말이 있어, 잘못을 하면 바로 고치기를 꺼리지 말라고.

⑤ <u>천재지변</u>이란 가뭄이나 지진처럼 사람의 힘으로 어쩔 수 없는 재난을 말해.

6 〈보기〉의 빈칸에 알맞은 낱말을 바르게 짝 지은 것은? (   )

┌─〈보기〉──────────────────────────

(가) 오늘날에는 전에 없던 새로운 것을 만들어 내는 사람들이 많죠. 새로운 물건이나 예술 작품 등을 처음으로 만드는 것은 □작, 신문, 잡지 같은 책을 세상에 처음 펴내는 것은 □간, 학교나 회사 등을 처음 만들어 세우는 것은 □립이라고 해요.

(나) 공원이나 공장 지대처럼 힘이나 기술을 들여 만들어 내는 것은 □성이라고 해요. 동상처럼 어떤 형태나 형상을 만드는 건 □형, 공장 같은 곳에서 기술과 힘을 들여 물건을 만드는 것 제□, 세상의 모든 것이 창조하고 변화하는 이치를 □화라고 해요.

└──────────────────────────────

① (가) 조   (나) 창   ② (가) 창   (나) 조   ③ (가) 조   (나) 상

④ (가) 창   (나) 상   ⑤ (가) 상   (나) 조

7 문맥에 맞는 낱말을 <u>잘못</u> 선택한 것은? (   )

① 저 호수는 (<u>인위적</u> / 전반적)으로 만들어진 인공 호수야.

② 이 사진은 인물이나 풍경의 결정을 잡아 준 (보정 / <u>보충</u>) 사진이다.

③ 자기 의견을 논리적으로 서술하는 것이 (<u>논술</u> / 진술)이야.

④ 북한은 핵무기를 (<u>보유</u> / 공유)하고 있다는 의심을 받고 있다.

⑤ 누구든지 (<u>균등</u> / 차등)하게 균질의 교육을 받을 권리가 있다.

8 〈보기〉의 빈칸에 알맞은 낱말을 짝 지은 것은? ( ) 수학능력시험형

〈보기〉

어떤 사건이나 자신의 생각을 말하거나 쓰는 것을 (가) (이)라고 하죠. 비슷한 말로는 묘사가 있어요. (나) (이)란 사실과 사건을 있는 그대로 적는 것을 말해요. 옛날 우리나라 고구려를 세운 동명왕의 이야기를 노래한 〈동명왕편〉은 영웅의 이야기를 사실처럼 묘사하여 쓴 (나) 시. 반면에 (다) 은(는) 감정이나 정서를 그려내는 것을 뜻해요. (다) 시는 개인의 감정이나 정서를 느낌을 담아서 쓰는 시를 말해요.

	(가)	(나)	(다)			(가)	(나)	(다)
①	서정	서사	서술		②	서술	서정	서사
③	서정	서술	서사		④	서술	서사	서정
⑤	서사	서술	서정					

9 한자와 그 뜻이 바르지 <u>않게</u> 짝 지어진 것은? ( ) 한자능력인증시험형

① 體 – 몸 　　② 補 – 돕다 　　③ 敍 – 담다

④ 實 – 실재 　　⑤ 均 – 고르다

10 〈보기〉 낱말 중 한자로 고친 것이 <u>틀린</u> 것은? ( ) 한자능력인증시험형

〈보기〉

"거울아, 거울아! 이 세상에서 누가 제일 예쁘니?" "그야 왕비님이죠."

거울이 왕비의 마음을 기쁘게 해 주기 위해 백설 공주가 더 예쁘다는 사실을 숨기고 다르게 말했어요. (가)사실은 실제로 일어났던 일이나 현재에 그대로 있는 일이에요. 왕비는 (나)사실상 이름답지 않았어요. 그러나 어느 날 거울은 "백설 공주가 제일 예쁩니다."라고 말했어요. 왕비는 거울의 대답을 듣고 무서운 (다)실체를 드러냈지요. 결심한 일을 꼭 실제로 행하는 것은 (라)실행, 생각한 것을 실제로 행하는 것은 (마)실천이에요.

① (가) 事實 　② (나) 事實上 　③ (다) 實體 　④ (라) 實幸 　⑤ (마) 實踐

⓫ 밑줄 친 부분을 적절한 낱말로 대체하지 <u>않은</u> 것은? (   )

① 악어와 악어새는 함께 살아가는 관계다. → 공생

② 안중근은 우리 민족에겐 <u>의로운 선비</u>다. → 의사

③ 학교에선 학문을 분야로 <u>갈라 가르친다</u>. → 과목

④ 철수가 곤란한 상황에서 <u>구원하고 도움을</u> 줬다. → 조산

⑤ 은비가 <u>눈짓으로 가볍게 인사</u>를 하고 지나간다. → 목례

⓬ 밑줄 친 낱말의 뜻이 바르지 <u>않은</u> 것은? (   )

① <u>천인공노</u>할 일이다. → 하늘과 사람이 함께 기뻐함

② 전쟁의 실상이 <u>목불인견</u>이다. → 차마 눈으로 볼 수 없음

③ 백제의 계백 장군은 <u>대의멸친</u>으로 유명하다. → 큰 뜻을 위해 가족을 희생함

④ 빌 게이츠는 어릴 때부터 취미로 <u>백과사전</u>을 읽었다고 한다. → 모든 과목의 지식을 모아 놓은 사전

⑤ 여자가 임신했다는 이유로 직장을 그만두게 하는 것은 <u>성차별</u>이다. → 성에 따라 차별함

⓭ 〈보기〉의 빈칸에 알맞은 낱말을 바르게 짝 지은 것은? (   )

┌─〈보기〉──────────────────────────────────

시커멓게 변색된 작은 하천을 본 적이 있나요? 애초에 맑게 흐르던 시냇물이었는데, 주변 공장이나 축사에서 법을 어기면서까지 정화되지 않은 물을 흘려보냈기 때문이에요. 이런 곳을 지나다 보면, 견디기 힘든 악취 때문에 고생하기도 하죠. 이 모든 게 시냇물이 [(가)]되었기 때문이죠. 아마도 지난 밤 공장이나 축사에서 시냇물에 [(나)]을(를) 버렸을 거예요.

	(가)	(나)		(가)	(나)		(가)	(나)
①	오물	오염	②	오염	오물	③	오취	오물
④	오염	오취	⑤	오물	오취			

⑭ 밑줄 친 낱말에 대한 설명이나 맥락이 적절하지 않은 것은? (　　　) `KBS 한국어능력시험형`

① 책방과 서점은 <u>반의어</u>지.

② 모든 사람은 다 달라, <u>천차만별</u>이라고.

③ 충치가 생겨서 <u>치과</u>에 가서 치료를 받았다.

④ 항목별로 하나하나 따질 때 '<u>조목조목 따지다</u>'라고 해

⑤ 타고 있던 자동차가 세 번이나 굴렀는데도 살아나다니, <u>천우신조</u>다.

⑮ 문맥에 맞는 낱말을 잘못 선택한 것은? (　　　) `수학능력시험형`

① (<u>범패</u> / 판소리)는 절에서 재를 올릴 때 부르는 노래다.

② 고려의 승려 (만적 / <u>묘청</u>)은 수도 이전을 주장하며 난을 일으켰다.

③ 삼국 통일의 기초를 닦은 태종 무열왕의 이름은 (<u>김춘추</u> / 김유신)이다.

④ (OECD / <u>UNESCO</u>)는 국가 간 교육·과학·문화의 교류를 돕는 국제기구다.

⑤ 개인 간에 벌어지는 문제를 해결하기 위해 (<u>민사</u> / 형사) 재판 제도가 있다.

⑯ 〈보기〉의 빈칸에 알맞은 낱말을 바르게 짝 지은 것은? (　　　) `수학능력시험형`

〈보기〉

우리나라에는 한 사건에 대해 세 번까지 재판을 받을 수 있는 삼심 제도가 있다. 처음 재판은 1심, 지방 법원에서 이루어진다. 지방 법원에서 내린 1심 판결을 따를 수 없으면 다시 판결해 달라고 요청한다. 이것을 　(가)　 라고 한다. 두 번째 재판은 2심, 고등 법원에서 이루어진다. 이 판결도 억울하다 싶으면 다시 재판을 청할 수 있는데, 이를 　(나)　 라고 한다. 이것에 의해 열리는 세 번째 재판이 3심이고, 최고 법원인 　(다)　 에서 열린다.

	(가)	(나)	(다)		(가)	(나)	(다)
①	항소	상소	대법원	②	상고	항소	상법원
③	항소	상고	대법원	④	상고	항고	상법원
⑤	항소	항고	대법원				

톡톡 문해력 편지글 다음 편지를 읽고, 문제를 풀어 보세요.

보고 싶은 민기에게

민기야, 안녕? 네가 학교에 안 나온 지도 어느새 한 달이 지났어. 병원 생활은 어때? 아직도 많이 아프니?

선생님께서 네가 교통사고가 나서 병원에 입원했다는 소식을 전해 주셨을 때 정말 깜짝 놀랐어. 바로 병원에 면회 가고 싶었지만 면회가 금지되어 있다고 해서 갈 수가 없었어.

가끔 너와 전화를 하고 메시지도 주고받지만 짝꿍이 없어서 정말 외로워. 쉬는 시간마다 너랑 놀던 생각이 많이 나. 체육 시간도 재미없어. 함께 체육을 하던 네가 없어서 그런 거 같아. 점심 급식으로 돈가스가 나올 때도 네 생각이 나. 너는 돈가스를 유난히 좋아하잖아.

우리 반 친구 모두 네가 빨리 완쾌해서 돌아오기를 기다리고 있어. 병원 생활이 심심하고 지루할 수도 있겠지만, 의사 선생님 말씀 잘 들어야 해. 그래야 하루빨리 완치될 수 있을 거야.

네가 퇴원해서 우리가 예전처럼 운동장에서 뛰어놀 날을 기대하고 있을게.

20○○년 ○○월 ○○일

너의 짝꿍 아울이가

1 이 편지는 누가 누구에게 썼나요?

----

2 글쓴이가 편지를 쓴 까닭은?

----

3 아울이가 병원에 면회를 가지 못한 까닭은?

----

4 아울이는 민기가 하루빨리 완치되려면 어떻게 해야 한다고 했나요?

톡톡 문해력 감상문 · 다음 감상문을 읽고, 문제를 풀어 보세요.

로마 바티칸 궁전에 있는 시스티나 성당에 가면 미켈란젤로가 천장에 그린 〈천지 창조〉를 볼 수 있어. 〈천지 창조〉는 하느님이 세상을 만들고, 사람을 창조하는 순간을 그린 거야.

〈천지 창조〉의 여러 장면 가운데 하느님이 사람을 창조하는 순간을 그린 〈아담의 창조〉가 가장 유명해. 하느님의 손끝과 아담의 손끝이 거의 닿을 듯 말 듯하게 그려진 장면이지. 그림 속 하느님과 아담의 울퉁불퉁한 근육은 조각처럼 보여. 미켈란젤로가 훌륭한 조각가였기 때문에 사람의 몸을 조각처럼 표현한 거야.

미켈란젤로는 〈천지 창조〉를 사다리를 타고 올라가 고개를 젖힌 채 천장에 그려야 했어. 4년 동안이나 〈천지 창조〉에 매달렸는데, 그림을 끝내고는 고개를 숙일 수 없었고 어깨에 통증이 심했으며 눈도 나빠졌다고 해.

나는 〈아담의 창조〉를 보면서 하느님과 아담의 손끝이 닿아 아담이 인간이 되면 무슨 말을 가장 먼저 했을까? 하는 생각이 들었어. 미켈란젤로는 사람을 창조하는 순간을 아주 멋지게 표현한 거 같아.

1 글쓴이가 감상한 그림은 누가 그린 무슨 작품인가요?

----

2 〈천지 창조〉는 어떤 장면을 그린 것인가요?

----

3 미켈란젤로는 〈아담의 창조〉의 어떤 부분을 조각처럼 표현했나요?

----

4 미켈란젤로는 〈천지 창조〉를 끝내고 건강이 어떻게 됐나?

정답

1장 씨글자

光 빛 광 |10~11쪽

1. 光
2. 1) 광경 2) 영광 3) 관광지
3. 1) 역광 2) 야광 3) 관광지 4) 광복군
4. 1) 관광지 2) 야광 3) 광섬유 4) 서광
5. 1) 광속 2) 광택 3) 광섬유 4) 광복
6. ①

制 제한할 제 |16~17쪽

1. 制
2. 1) 제헌 2) 제과 3) 관제탑
3. 1) 제한 2) 제어 3) 제약
4. 1) 제헌절 2) 제한 구역 3) 제복
5. 1) 자제 2) 강제 3) 규제 4) 제동
6. 삼심 제도

改 바꿀 개 |22~23쪽

1. 改
2. 1) 개명 2) 개찰 3) 개과천선
3. 1) 개종 2) 개찰 3) 개선 4) 개명
4. 1) 개헌 2) 개설 3) 창씨개명
5. 1) 개심 2) 개헌 3) 개작 4) 개편
6. 개과천선

變 변할 변 |28~29쪽

1. 變
2. 1) 변질 2) 변성기 3) 격변
3. 1) 변심 2) 변덕 3) 변형 / 변모 4) 변천
4. 1) 이변 2) 사변 3) 변온 동물 4) 변화무쌍
5. ③
6. 1) 변성 2) 변장 3) 돌변 4) 변경

完 완전할 완 |34~35쪽

1. 完
2. 1) 완전 2) 완숙 3) 완수 4) 보완
3. 1) 완비 2) 완숙 3) 완쾌 / 완치 4) 완주
4. 1) 완전 2) 완치 3) 완승 4) 완수
5. 완성
6. 완전무결

成 이룰 성 |40~41쪽

1. 成
2. 1) 기성품 2) 대성 3) 작성 4) 성숙
3. 1) 성공 / 대성 2) 완성 3) 조성 4) 찬성
4. 1) 작성 2) 성장통 3) 장성
5. ③
6. 1) 성분 2) 성과 3) 대성 4) 성충

씨낱말

평균 |46쪽

1. 평균
2. 1) 평생, 평안 2) 평민, 평등 3) 균일, 균질
3. 1) 평균 2) 평영 3) 균등
4. ③

일반적 |47쪽

1. 1) 적 2) 적
2. 1) 의존, 의존적 2) 전문, 전문적
3. 1) 구체적 2) 전반적
4. ④

서술 |52쪽

1. 서술
2. 1) 구술, 저술 2) 서사, 자서전 3) 서정시, 서사시
3. 1) 논술 2) 기술 3) 저술 4) 서사시

창조 |53쪽

1. 창조
2. 1) 창립, 창업 2) 창의, 창제 3) 제조, 조작
3. 1) 창작 2) 창간 3) 창립 4) 독창적 5) 조성

실재 |58쪽

1. 실재
2. 1) 실체, 실행 2) 실태, 실험 3) 잠재, 산재
   4) 재고, 재학
3. 1) 사실상 2) 실천 3) 잠재

체계 |59쪽

1. 체계
2. 1) 체계, 계통 2) 입체적, 구체적 3) 태양계, 생태계
3. 1) 체재 2) 전체적 3) 통합

통계 |64쪽

1. 통계
2. 1) 부호 2) 평균 3) 집합 4) 빈도 5) 정점
3. 1) 통계 2) 부호 3) 검산 4) 비교 5) 통분

유무 |65쪽

1. 유무
2. 1) 유무, 유형 2) 유한, 유용 3) 무용, 무관
   4) 소유, 공유
3. 1) 고유 2) 보유 3) 공유 4) 무의미 5) 무작위

보정 |70쪽

1. 보
2. 1) 보충학습, 보습 2) 보좌, 보좌관 3) 후보, 후보자
3. 1) 보상 2) 보강 3) 보급 4) 후보

앙부일구 |71쪽

1. 앙부일구
2. 1) 청자상감모란국화문과형병 2) 천상열차분야지도
3. 1) 청자 2) 과형병 3) 혼일강리역대국도지도
4. ⑤

어휘 퍼즐 |72쪽

					¹⁾광			
²⁾개	과	천	선		³⁾형		⁴⁾변	
						⁵⁾보	정	사	진
⁶⁾성	⁷⁾인	병		충		체	
	위			⁸⁾재	학	생	
⁹⁾자	발	적		습		
서			¹⁰⁾완		
¹¹⁾전	¹²⁾광	판		제	한	¹³⁾구	역
	택			품		성
						¹⁴⁾비	교

			반					별	각
팔	목	상	대		인	종	차	별	
만		부			도				
적	조	현	상		협	주	의		
의		조	곡		의				
난									
황									
금		백	과	사	전				
비	례	배	분		법				
율					부				

집필위원

정춘수	권민희	송선경	이정희	신상희	황신영	황인찬	안바라
손지숙	김의경	황시원	송지혜	황현정	서예나	박선아	강지연
강유진	김보경	김보배	김윤철	김은선	김은행	김태연	김효정
박 경	박선경	박유상	박혜진	신상원	유리나	유정은	윤선희
이경란	이경수	이소영	이수미	이여신	이원진	이현정	이효진
정지윤	정진석	조고은	조희숙	최소영	최예정	최인수	한수정
홍유성	황윤정	황정안	황혜영	신호승			

문해력 잡는 초등 어휘력 D-3 단계

글 김의경 이정희 손지숙 황신영 신호승
그림 박종호
기획 개발 정춘수

1판 1쇄 인쇄 2025년 1월 16일
1판 1쇄 발행 2025년 1월 31일

펴낸이 김영곤 **펴낸곳** ㈜북이십일 아울북
프로젝트2팀 김은영 권정화 김지수 이은영 우경진 오지애 최윤아
아동마케팅팀 명인수 손용우 양슬기 이주은 최유성
영업팀 변유경 한충희 장철용 강경남 김도연 황성진
표지디자인 박지영 임민지

출판등록 2000년 5월 6일 제406-2003-061호
주소 (우 10881) 경기도 파주시 문발동 회동길 201
연락처 031-955-2100(대표) 031-955-2122(팩스)
홈페이지 www.book21.com

ⓒ (주)북이십일 아울북, 2025

ISBN 979-11-7357-058-2
ISBN 979-11-7357-036-0 (세트)

• 제조자명 : (주)북이십일	• 제조연월 : 2025. 01. 31.
• 주소 : 경기도 파주시 회동길 201(문발동)	• 제조국명 : 대한민국
• 전화번호 : 031-955-2100	• 사용연령 : 3세 이상 어린이 제품